自序

　　每當生存環境即將遭逢遽變，或者災難即將發生前，在一切生物的生存狀態裡，或多或少都有其感應或預測「禍之將至」的能力，因而做出一些因應災變的相關動作或措施。從眾多生物的反應與應變能力來比較的話，現代人（人類）反而遜色多了。「預測能力」原本是一切生命狀態存在之基本潛能，其目的在於維護生命本身，且在安全的狀態之下，使其不受到環境威脅，進而延續其生命，得以使其生生不息。如《易經‧乾卦‧象》曰：「天行健，君子以自強不息」。譬如說：從「寒露、霜降」起（農曆九月），至「立春、雨水」前（農曆正月），舉凡蟲蛇蛙類或其他蟄伏類的動物，牠們能預知氣候（節氣）的變化，在寒冬將要來臨之前，牠們便準備蟄伏，有的便含著一口泥巴，找一個隱密的地方，將自己隱藏起來，儲備能量。直到「雨水」的節氣來臨時，天氣逐漸轉暖，山上的積雪開始融化，或寒氣已退之時，水分多了，濕氣重了，時序進入二月後，陽氣一天天孳茂，開始有雷電出現，驚動蟄伏於地下冬眠的生物（驚蟄之象），牠們將開始出土活動，大地又見一片生機，如春見旺相之際，再次

進行一個新的生命活動周期。

人類本身對生存環境的預測能力，自然也不例外，因此，凡有人類以來，預測便是一項與生俱來的能力。自古以來，有所謂的「巫師（卜筮）、先知（預言家）、占星師、命理師……等等」，而隨著時代之變遷與日積月累之下，這項透過某種方式所取得預測訊息的學問，並沒有因此而消失，反而在知識發達的現代，漸漸朝向一種較有系統，較具理性方向的路線前進著。也因此，「預測學——紫微斗數」在時代巨輪的推動下，發展成各種較具邏輯性、推理性、可行性的一門專業學術體系。

舉例來說，「危機管理」即是預測學中的一個領域，至於「危機應變」自然亦是預測學中因應法則的重點。談到「生涯規劃」也無不涉及到生命預測學的領域，從個體出生時空的生命密碼中，推演出一系列屬於個人生命經驗的過程，並以其為假設的立論點，進而尋找對個人較有利益的方向前進，從另一個角度來說，亦即是：

推動個體於其生命活動的過程中，

過著較具意義的一生，

發揮其長，補其所短，

讓一個生命在其全程發展的狀態裡，

得到適當的成長與心靈的進化。

生命預測本是一切生物「趨吉避凶」的自然反應現象，就是身為人類的我們，大可不必諱言或對其不屑一顧，尤其面對局勢瞬息萬變的現代人來說，如果你不涉入「預測學領域」的話，你將難以在人生際遇中，掌握到相關於未知的訊息。因此，已知的訊息，往往是從未知（預測）的領域裡，經過驗證而取得的可靠資料。而在現有可靠的資訊中，通常也隱藏著未確定因數(Uncertainly)在其中，如此輾轉反覆的求證，便成為某種專業上的預測學問。

每天的新聞報導總會來個「氣象報告」，預告近日內的氣象狀況，就連颱風、地震或節氣的轉換，也都涵蓋在預測範圍內。所以，有關「趨吉避凶」的實用理論，自然就屬於「預測學」的領域了。在人的一生活動過程中，自有其運行的「規律性與不確定因素」兩種狀態交叉進行著，若能於其「規律運行」的生命歷程當中，培其所長，發揮所長，善補其過的話，自也能游刃有餘了。

再來，於其不確定因素中，若能預測其變數當中的某些規律性、循環性，也就是說：「不確定因素的生命運作狀態，通常包含著錯綜複雜的各種因緣性，在每一個稍縱

即逝的因緣對應中，有可能再延伸出另一個未知的不確定因素，如此，『因依緣而生，得生後形成果，果中又含因，因又待緣生，緣生而又成果……』，因、緣、果三者之間彼此互為依附，輾轉反覆。」（備註：比如種子遇到殊勝的因緣際會時，能使其生長、開花、結果，而果中的種子熟透時，再隨其因緣變化，有可能落地遇緣而生，如此循環反覆，似無休止之時。）

　　本書即是針對「個人」在終其一生的活動過程中，依據「紫微斗數的理論與邏輯分析」，推演出個人在其生命過程中，與面對狀態的某種「行為預測」。其方法係追溯其出生當時之時空落點，將其「生命密碼」轉譯成可予以推演的一套「生命預測學──紫微斗數」。但願此書之出版，能帶給有心想追求「生命成長」與「心靈進化」的愛好者，或想突破習慣領域者，透過書中淺顯敘述的生命預測學，進而掌握到：「在自己的有限生命裡，如何發揮生命之光，進入永恆的生命領域裡，使自己在這一生當中，活得無愧，活得有意義，並進一步以個人的才華及智慧，來幫助其他的人共同成長，創造一個美好的世界與未來。

許永安 丙戌年於東方居

目 錄

目錄

導讀

　　本書的主要目的在於闡述「紫微斗數」中，較為艱深且令人難以理解的六煞星，由於六煞星具有時空變數的未確定性，對於個人一生的行運，有著禍福吉凶的影響，這也應證了《易經》中的陰陽哲理，陰陽互為相生、互相制約、互為消長……的相對平衡狀態，「物極必反」是萬事萬物演化的定律，人類的存在現象也離不開這個自然的道理。

　　「擎羊、陀羅、火星、鈴星、地劫、地空」六煞星，當它坐落在命盤上的某些宮位時，均有其特別凸顯的特色，透過我們的語言、行動力，表現於外的行為上，而這六煞星卻有著它們各別的代表意義，包括暗示的含意在內。因此，每個人雖然有不同的際遇，但往往因人們所感召的因緣各有殊異，而有著無以計數、多彩多姿、窮困潦倒的不同人生，這也許就是人類所處的時空，及其生存環境的因緣所致，而決定了生命來到這個世界，必經的歷程，「吉凶禍福」，便成了人們界定幸福與否的指標，也

因集體意識的形成，「幸福」便成了人類嚮往及追求的目的。可見人類的認知與行為能力，基本上是有共同模式存在的，也因此可據此推論，人類具有共同的心識在互相作用著（內在思維由內而外的因果關係），社會型態的進化或沉淪，關係著人們心識作用由內而外所演化的共同結果，個體意識與集體意識之間，似乎存在著一種微妙的變化，善的集體意識，將會為社會帶來善的結果，以及良性的循環，反之亦如是。

俗語說：「人生不如意事，十有八九。」可見人生中令人滿意的事情，實在是不多的，風平浪靜之時，往往難抵驚濤凶險，人生不也是如此嗎？也唯有藉著每一次的考驗，從中去學習因應的技巧，以及應對的智慧，來充實其人生，使其能在現實社會中得以調適，甚至在個人的心靈世界裡，能獲得美好的提升，既不偏於物欲的執著，也不傾向於心靈的空虛，兩者若能取得相互間的平衡，社會的進化將會是美好的。在「紫微斗數」的基本邏輯理論裡，便有著如此巧妙的設計，它透過預測學的方式來推演個人生命的歷程，並以此假設的論點來作為個人在其際遇中的因應，讓生命中有缺陷的部分，勇於去善補其過，至於良善的一面，則能夠有效的發揮，並造福與我們有因緣的

13

人，使他們能得到回饋的能量，扮演好每個人的角色。

「地空、地劫」這兩顆頗具挑戰性的星座，基本上具有引領我們從物欲、精神中解脫出來的涵意，一些古籍或坊間讀物，往往把這兩顆星寫得危言聳聽，令人無所適從，這是比較可惜的地方。如果能把「紫微斗數」當作是一種「生命現象學」來研究的話，那麼每個人就擁有了很大的成長空間，而這扭轉乾坤的鑰匙，便在每個人的手上，端視你如何去開啓它。宿命論者之所以願意臣服在它的國度，因爲他們遵循著個人的習慣領域，一旦離開既定的運作模式時，生命將會無所適從、慌張失措。

「地劫、地空」這兩顆頗具意義的星座，在每個人的一生中，扮演著引領我們走向脫俗，以及朝向心靈進化的契機，端視個人是否能在每一次考驗中，從中領悟到現象本質所代表的意義，進而獲得成長的智慧。因此，若我們已準備好面對未來的人生時，你即擁有了面對與因應的智慧，在你的生命中不再只是區分好與壞的問題，而是從歷程中找到了此生的功課所在，從中去彌補缺陷，或實現圓滿生命的理想，只要我們對生命的反省，能多出一點點的敏感度時，生命即擁有了改善的空間。

　　改變宿命，創造命運的關鍵，在於個人思維與領悟力的提升，但其基本前提應能正確的了解自己，而其要件在於明瞭生命歷程中的因應之道，以良善的態度來面對其人生，使其一生的行運都在美好的經驗裡（包括挫折與逆境）。因此，不知命者，不為君子乎？若能深入去了解個人此生的因緣性時，便能以正面且積極的態度來面對多變的人生。

　　好壞的界定，

　　在於每個人的認知不同，

　　好的，也許是暫時的好，

　　壞的，也許是暫時的壞，

　　好壞之間，

　　往往存在著互為消長的狀態，

　　若能透析現象的本質時，

　　好壞的界定即能離於我們的分別意識，

　　好與壞，只是一種現象的呈現而已。

　　本書主要是將六煞星分別在斗數命盤上的十二宮位中，詳實的解析其代表意義，讓讀者可從自己命盤上星座的坐落宮位來對照，並從中延伸其意涵，作為個人在人生中的參考及因應，因此，本書除了探討六煞星的邏輯理

論，讓讀者淺顯易懂之外，也具有工具書的功能，兩者兼備，引導您一探「紫微斗數——六煞星」的奧秘，改變思維、超越宿命，創造命運的鑰匙，就在您的手上了。祝福您！

酒夫濤

擎羊星

在《封神榜》中，以「楊戩」來代表「紫微斗數」六煞星中的擎羊星，那是最恰當不過了。依據《封神榜》的記載，「楊戩」是玉泉山金霞洞玉鼎眞人門下在武王伐紂途中，魔家四將承聞太師命令，駐守佳夢關，姜子牙領兵至此，久攻不下，又無法突破重圍，以解當下危難……。「楊戩」領受師命，下山來助師叔（姜子牙）一臂之力。「楊戩」有一股超衆脫俗的氣質，子牙授命他與哪吒（火星）、黃天化（陀羅星）、雷震子（鈴星）……等爲開路先鋒，一路過關斬將，不但順利的破了佳夢關，大敗魔家四將，也屢屢建立戰功，爲武王伐紂大業立下不少的汗馬功勞。

「楊戩」智勇雙全，善於以幻術來偽裝的神通術，在《封神榜》中，他曾經以幻術變化成蝴蝶、花狐貂、女人……等，進入敵方陣營，探查軍情，或營救人質，或進行反間計……。「楊戩」除了擅長於神通幻化外，他在陣前出生入死、披荊斬棘的無畏精神，深爲武王陣營的將士們所敬佩，用允文允武來形容他的事蹟，實不爲過。民間小

說《西遊記》中，也有記載著「孫悟空」大戰「三眼楊戩」各顯神通七十二變的故事。從神話及典故的傳說中，我們可將「楊戩」所扮演的角色與其特色，套用到紫微斗數星垣中，以「楊戩」來作爲擎羊星的代表人物，俾以透過人物特性的分析，具體說明擎羊的星性特質，這樣的話，將會讓初學者從淺顯易懂的基本論述裡，便能輕易的掌握到，「六煞星」的基本星性特質，進而走入「紫微斗數」的進階領域裡。

我們知道：「楊戩」本爲作戰的先鋒官，因此，除了擁有高超的武藝與作戰能力外，個性剛毅、性急快語、心慈正直、嫉惡如仇、衝鋒陷陣、不懼生死、不懼權威、不阿諛附從、見義勇爲、不畏艱難、越挫越勇、隨時能面對新的挑戰……。因此，把這種人物的主要特質來比喻「擎羊星」的相關特性，應有其相通之處。

「擎羊」是一顆具有強大戰鬥力的星座，因此，在「紫微斗數」的十二宮位中，個人的命宮（大限命宮或流年命宮）均有可能坐落在這些宮位上（註：擎羊星不入寅、申、巳、亥的四個宮位——四馬之地），然而，對於其星性的吉凶禍福分析，需得視其坐落宮位的旺陷程度，以及搭配其中五煞（陀羅、火星、鈴星、地空、地劫）的坐落狀態，並檢視三方四正的結構，方可進行論斷。

　　以下我們將依據「擎羊星」居於【得地】或【落陷】宮位的兩種結構，詳細分析「擎羊星」在「紫微斗數」十二宮中的各別特性分析，祈使讀者能在本書中，對六煞的認知有一番新的見解。

※註：

　　◎十二宮位分別爲：「命宮（宿命）、兄弟宮（友愛）、夫妻宮（婚姻）、子女宮（養育）、財帛宮（理財）、疾厄宮（健康）、遷移宮（外出）、僕役宮（交友及人際互動）、宮祿宮（事業）、田宅宮（居家）、福德宮（精神）、父母宮（長輩）。

■十二宮位的名稱與定位

僕役 （朋友）	遷移 （外出）	疾厄 （健康）	財帛 （理財）
官祿 （事業）			子女 （養育）
田宅 （居家）			夫妻 感情
福德 （精神）	父母 （長輩）	本命 （宿命）	兄弟 （友愛）

※此圖表的十二宮位中，每一個宮位的對角宮，都有彼此之間的連帶關係。

星名	五行	化氣	司　　　　主
擎羊星	陽金	刑	正義、勇敢、耿直、進取、持續力、恆心、毅力、堅強、助緣、克服萬難、衝動、挑戰、刑傷。

■得地擎羊星入命宮

一、得地的擎羊星入命宮，為人心慈正直，急公好義，凡事能謹守正道，依於常規而行。

二、見人有難，頗能挺力相助，濟利他人。

三、為人個性剛毅，決斷力強，遭遇情境或考驗時，通常能把握時機，當機立斷。

四、處事能掌握情況，通權達變，有勇於面對與承擔的能力，也有良好的執行力。

五、凡遇挫折時能激勵自己，堅忍以赴，越挫越勇。

六、行事風格喜大而化之，乾脆、明快，不喜拖泥帶水或猶豫不定。

七、具有嫉惡如仇的個性，主觀的認知能力強，不易因環境的變遷影響個人心志或操守。

八、擁有活潑的個性，以及持續的動能，處事能克服萬
　　難，有始有終，達成既定的目標。

九、具有革新及開創的積極態度，獨立性強，忠於職守。

十、心直口快，具有直言不諱的特質，不喜攀緣附會或降
　　格以求。

十一、經常面對挑戰或磨難，致使身體易有刑傷之患。

十二、為人個性直爽，具有豪俠的特徵。（唯若自視過
　　　高，恐會與他人產生隔閡、對立，或導致背後的是
　　　非）

十三、不擅於周旋人際關係，但為人坦誠、率直。

十四、自我肯定的能力強，凡事有自己的見解與作法，本
　　　身的認知與價值觀不易被他人改變。

十五、行事易逢有利助緣，辦事有效率。

十六、擎羊入命宮（身宮），身體易招刑傷之患，致有淤
　　　傷或有疾患在身。

※備註：

擎羊化氣為「刑」，因此，在人生際遇中宜韜光養晦，凡事謙虛以應。若鋒芒畢露，則有刑他之嫌，易招人忌，或者善緣漸漸遠離。

■落陷擎羊星入命宮

一、化氣為「刑」的擎羊星入命宮，一生中遭遇的挫折與考驗不斷，人生有如浪裡行舟。

二、個性急躁，穩定度不佳，遇事易慌亂。

三、心性游走兩端，個性容易猶豫不決。（處事心態宜守正道，不致自陷險境）

四、凡遇挫折或考驗時，毅力不夠堅強，易生退卻之心，或以消極心態應付。

五、個性不易開放，遇挫折時，不易排解內在鬱悶情緒，致使心結難解。

六、擎羊也為孤剋之星，當其居於陷地之時，與六親的緣分較薄，在人際關係的互動上，缺乏圓融的溝通技巧。（備註：六親是指命盤中的六個宮位：「命宮、兄弟宮、夫妻宮、子女宮、僕役宮、父母宮」）

七、對於人生的價值觀，有認知失調的傾向。

八、落陷的「刑剋」之星，有自刑之刑的意涵，遇事易剛愎自用，或者有自尋煩惱的傾向。（備註：對本身的健康宜當守護，作息不可顛倒，在日常生活中，慎勿違反養生的常理）

九、缺乏沉穩的個性，因此，在人際互動之間，恐有過剛之患，不易建立善緣。

十、心直口快，缺乏圓融的表達技巧，易導致背後的是非，徒增困擾。

十一、行事缺乏保守的態度，容易有大起大落，或空忙一場之憾。

十二、擎羊入命宮（身宮），除易招刑傷之患外，或有舊疾在身。

十三、個性不易大而化之，易將心事往內積壓，而有鬱悶難解的傾向。

※備註：

　　落陷的擎羊在命宮，有自刑之刑的意味，因此，下列

的三項建議事項，或許可作爲因應的方法：

一、平日宜能惜福，積德行善，或行有餘力之時，能量己
　　之力，濟利於人。

二、心性宜習仁慈，凡有所行，當懷善念，利己之時，亦
　　能顧及他人。

三、宜經常勉勵自己，凡事謹守正道而行，不可偏離常
　　規。

◎擎羊入限吉凶訣：

　　擎羊守限細推詳，四墓生人免禍殃，㈠

　　若遇紫微昌府會，財官顯達福悠長。

　　子午卯酉遇擎羊，二限沖兮禍患戕，㈡

　　若是命中主星弱，出外運滯招災咎。

※註：

一、「四墓」：指命盤上「辰、戌、丑、未」四個宮位，
　　凡命宮坐落在這四個宮位之一，可稱爲四墓生人。

二、「子、午、卯、酉」：這四個宮位，一般通稱爲四旺

之地，但當擎羊星坐落在這四個宮位的任何一個宮位時，均處於落陷的境地，這也意味著：「擎羊星在這四個宮位，它的能力將會受制於所在的處境，且有困難重重，或有挫折不斷的現象，甚至，也應預防險難或災咎。」

※擎羊星，可能坐落命宮之宮位結構圖解：

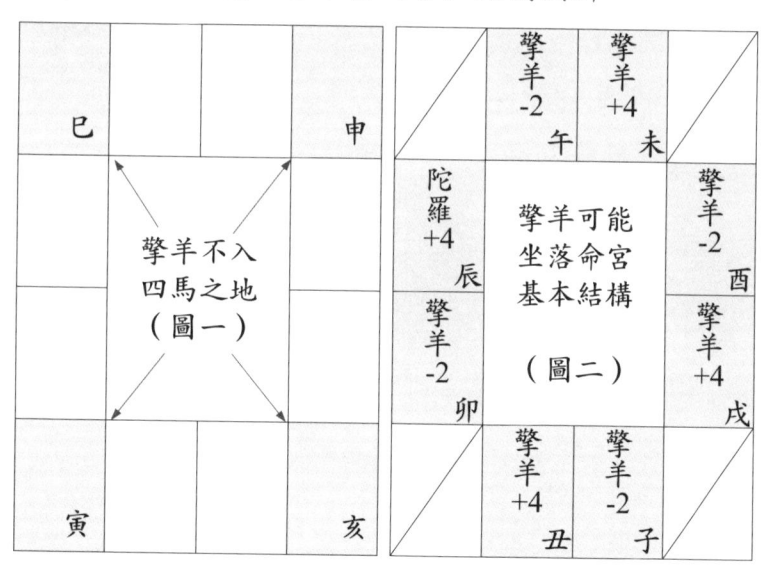

擎羊不入
四馬之地
（圖一）

擎羊可能
坐落命宮
基本結構
（圖二）

擎羊 -2 午
擎羊 +4 未
陀羅 +4 辰
擎羊 -2 酉
擎羊 -2 卯
擎羊 +4 戌
擎羊 +4 丑
擎羊 -2 子

子、午、卯、酉均爲落陷之地

■擎羊入命宮綜論

我們知道，「擎羊星」是顆驍勇善戰的星座，命宮若

居於得地的話，則其正面特質的發揮將能明顯的表露出來。然而，若是落陷的擎羊坐落於命宮的話，其一生中所遭遇的考驗與挫折將會令人有浪裡行舟之感。

■得地擎羊星坐命宮者，宜當「謙柔以應」，否則，恐有過剛而自招損的過患，關於這一點，我們可以用《易經・謙卦》中的啟示來作爲我們人生的勉勵：

※地山謙卦。（高山處於地下之象）

　《卦辭》：謙亨，君子有終。

◎解意：對於自己所擁有的才能或成就，不自負、不誇耀的謙虛態度。

　《序卦傳》：有大者，不可以盈，故受之以謙。

◎「盈」：有「自大、自滿、自以爲是的意味」。

◎「謙」：意味著「謙遜的美德」。

　　在《易經》六十四卦的每一個卦象裡，或多或少都有吉凶參半的「爻辭」，唯獨「謙卦」中的六個爻辭，是大吉大利的，並沒有所謂的「悔、咎、吝、危、厲、凶」的現象。可見一個有才能的人，若能學習高山處於地下之象的話，那麼像這樣的人，不管他走到哪裡，將會有處處逢

遇善的機緣。這「謙卦」的六個爻辭是：

《地山謙卦》

　初六：謙謙君子，用涉大川，吉。

◎解意：一個秉持著謙虛態度的人，就像徒步要渡過大河
　　一般，即使經歷險境，最終還是會吉祥的。

　六二：鳴謙，吉。

◎解意：對於謙虛的美德，從自己的內心產生了領悟的共
　　鳴，因此，凡有所行事時，則以動機純正為人生處世的
　　哲學。

　九三：勞謙君子，有終，吉。

◎解意：以實際的行動去實踐謙虛的美德，勞而有獲且不
　　誇耀，有功而不自滿。

　六四：撝謙，無不利。（撝：音輝）

◎解意：能以力行發揮謙虛效用的人，無論走到哪裡都是
　　無往不利的。

　六五：不富，以其鄰，利用侵伐，無不利。

◎解意：謙虛的本質在於以德服人，而不是一味的以強勢
　　令人屈服。

上六：鳴謙，利用行師，征邑國。

◎解意：態度謙虛的人必須以實力為後盾，才能發揮出積極的作為。否則，只是一味的謙虛又沒有實力的人，會使人對他產生虛偽的感覺。

■落陷擎羊星坐命宮者，宜調適本身心性，過剛欠缺柔性，但過柔則未必能調合，因此，在面對人生的歷練過程中，宜學習如何紓解自己的情緒，而不至於積壓鬱悶而造成心理的負擔。不過，除了應用前述的「謙卦」以應對人生之外，擎羊星落陷坐命之人，還可以《易經‧同人卦》來作為人生勉勵的指標。

《天火同人卦》

※卦辭：同人於野，利涉大川，利君子亨。

◎解意：一個內心光明純正的人，在其人生的際遇當中，必須要突破閉塞的世界，在人與人之間，不違和於情理，若能擁有共同的意念，縱使像涉水渡過急流的險境，也是會逢凶化吉的。

　　得地擎羊入命宮，天生秉性剛與強，
　　心慈耿直有擔當，處事積極有耐力，

擎羊星

快言直語須自惕，明中宜防暗招忌，
性急須得緩來濟，則能防止急中失，
剛強個性宜調適，與人往來須和同，
易經謙卦已說明，謙謙君子無不利，
命帶刑傷宜植福，行有餘力能佈施，
隨緣隨分濟弱者，或者濟施重殘人，
因中對治擎羊性，果中或可少刑傷，
凡事能發慈善心，羊刃刑傷可對治，
因中發心若以恆，如同滴水能穿石，
雖未見其日日功，久則穿石見其果。
落陷擎羊入命宮，人生際遇多坎坷，
宜能調伏己心性，凡事欲行當直取，
不違人和意志同，所行無處不亨通，
急切心性不可趨，過剛恐有誤失處，
取於正道循常理，自有善緣處處應，
發於善心調己性，未來果中福自來，
羊刃刑傷力雖強，愛生護生來對治，
不刑一切生命體，自身則也少刑傷，
善行愛語隨緣施，此生必是福地人。

■擎羊入兄弟宮：（往來密切的朋友）

【得地擎羊星入兄弟宮】（往來密切的朋友）

意味著：在兄弟姐妹之間，不乏有個性剛毅、心慈性急、耿直、衝勁十足、能見義勇為，或者嫉惡如仇，為人喜直來直往，處事乾脆、簡明、重效率、豪爽，具有勇於面對挑戰，以及突破萬難的特性。或其具有獨立性、開創性，以及創新的能力，與手足之間的互動（往來密切的朋友），頗講情分與義氣，個性活潑、好動，喜探索或挑戰各種新奇事物，能從生活經驗中學得因應的智慧，並從中突破困境。或者也有照顧手足的雅量，能毫無怨尤的付出……

◎備註：

擎羊星化氣為「刑」，因此，美中不足的就是手足之間（或往來較為密切的朋友）往往缺乏柔性的互動，對方直來直往的個性，易帶來個人的困擾，因為怕被其銳氣所傷，也因此會降低與其互動的意願。另一方面，「兄弟宮」中也包括與個人往來甚為密切的朋友，這運勢的順遂或有晦滯之象，得視兄弟宮中的星性排列組合而論。總之，兄弟宮中的運勢與個人的交友運勢是息息相關的。若能和兄弟姐妹之間的互動融洽，彼此能夠互相扶持的話，

那麼，這種善的氣場將會擴及到我們交友圈上，為個人帶來平輩的有利助緣。

不論你的大限是順行或逆行（陽男、陰女順行大限；陰男、陽女逆行大限），兄弟宮中的運勢也就等於個人與往來較為密切朋友的互動運勢，這「兄弟宮」的對宮是「僕役宮」，可見這兩個宮位的吉凶狀態，無形當中會影響到對宮的運勢，兩者有互為因果的關係。

【落陷擎羊星入兄弟宮】（往來密切的朋友）

意味著：與手足之間的互動，缺乏流暢度，彼此有心意難通，默契不足，偶爾會有對立、違和的現象。或在手足之中，有個性急躁、活潑好動者，其人主觀意識較強（叛逆性），雖有積極的企圖，或喜好探索、挑戰各種新奇事物，唯往往缺乏有利助緣，導致偶爾會有運勢晦滯之象。或其個性剛毅、木訥，與兄弟姐妹的互動，缺乏善解人意及柔性的互動。或其人心性不定，情緒不易向外紓發，易將心事往內積壓，偶爾會有鬱悶難解的傾向（缺乏大而化之的氣度）……

◎備註：

宜順勢引導對方，凡事宜循正道而行，凡事宜多積德

行善，以此來善補其過。關於這一點，在《序卦傳》中，或許可以給我們一些的啓示：

《序卦傳》：物不可以終否，故受之以同人。

※解意：個人的主觀意識，不可過度強烈或偏執，或者是
　　　　一味的封閉自己，導致運勢阻滯難行。欲突破這
　　　　種極端的封閉現象，需要人與人之間的互動，能
　　　　達到協調且不違於人和，則可與人同行也（人際
　　　　互動的和諧，是個人修養的基本條件）。

■兄弟宮與僕役宮綜論

紫微斗數在命盤的十二個宮位中，基本上是可以把它劃分成每兩個宮位爲一組的對應，如下所列：

一、命宮（宿命）　　→　遷移宮（出外行運）
二、兄弟宮（友愛）→　僕役宮（交友運）
三、夫妻宮（感情）→　官祿宮（事業運）
四、子女宮（養育）→　田宅宮（居家運）
五、財帛宮（理財）→　福德宮（福分多寡）
六、疾厄宮（健康）→　父母宮（親子關係、遺傳）

每個人早期成長的過程來自於家庭成員的互動，這其

中包括兄弟姐妹間的友愛關係，會影響個人日後在外的交友運勢。因此，兄弟宮若有擎羊星的話，這可分為「得地」及「落陷」，依這兩種情形來論述，如前面已有說明的部分，則可參考並延伸其代表意義。另一方面，擎羊星不管在兄弟宮或僕役宮，都會形成對沖的現象，對兩個宮位所呈現的現象，將會造成相互之間的影響。

得地的擎羊星在「僕役宮」，也意味著：在你所交往的朋友，或在工作上的同事、伙伴之間，與你往來較密切者，則會顯露出他們的陽剛特性，有嫉惡如仇的傾向，熱心、性急，具有直言不諱與見義勇為的特性，個性率直，或者放蕩不羈，不喜阿諛奉承，不依附權貴，不懼權威……。（備註：雖然有如上的多項特質，但在人際互動之間，往往因為對方的柔性不足，總有被其傷害的感覺，因此，令人近之似有威嚴感，或者氣氛易凝滯，這是因為對方缺少婉轉或圓融的性格，令人望而卻步、敬而遠之）

落陷的擎羊星在「僕役宮」，意味著：在一般的人際互動狀態中，往往缺乏平輩貴人的善緣，甚至在彼此往來之間，易見初善終惡的現象……（註：在人際互動的對象中，不乏有剛愎自用者，其人個性有過剛的傾向，往往缺乏情緒管理的自制力，因此，若能順勢勉勵對方，時時心

存善念，謙虛以應，凡有所行，宜循常理操作……）

所以說：「如果個人的命盤中，若有陷地的煞星坐落其中的話，就得調整自己的思維，以及因應方式，至於如何發揮擇友的智慧？也許會成為你新的一門功課，在你尚未釐清這一部分的問題時，離開損友，也許是一個趨吉避凶的方法（既然難以改變對方，只好淡然相處——利害不相交，禍福不自招）。」

兄弟宮或僕役宮若有落陷的擎羊星坐落其中的話，那麼它將會對兩個宮位產生互為影響的關係，所以，宜由根本的問題點下手，那就是：學習如何與自己的兄弟姐妹和諧相處，令手足之間能夠親比友愛，以手足之間的良性互動來促進僕役宮（交友運勢）所帶來的善緣。若能如此下功夫去做的話，即可能超越這兩個宮位的宿命論。在《易經‧水地比卦》中也有談到這方面的論述，或許可以給我們一些的啟示：

《水地比卦》

《象曰》：地上有水，比；先王以建萬侯，親諸侯。

◎解意：水行地上，無遠弗屆，如同人情親順，擇善依

附，相輔相成，諸事無憂。

《繫辭》：君子之道，或出或處，或默或語，

兩人同心，其利斷金，

同心之言，其臭如蘭。

■擎羊星在夫妻宮

【得地擎羊星入夫妻宮】

意味著：伴侶是位心地善良、耿直、熱心、急公好義、行動力強、心直口快，且對家庭負責盡職的人。唯在彼此的互動上，稍嫌有過剛之患，導致彼此的心靈距離難有交集點，剛柔未能調濟，偶爾會有心意難通，默契不足，或彼此的理念與作法往往有難達共識之處。或伴侶個性較為剛毅、木訥，往往缺乏主動、積極，以及營造浪漫氣氛的心思，也可能缺少一份溫柔的態度。或伴侶的才智對本身的事業有助益（這是因為夫妻宮的對宮為官祿宮的關係，伴侶對個人的事業有積極且正面的參與意願，若無化忌星、陷地的煞星與其同宮或對沖的話，則成立此項論點）。

【落陷的擎羊入夫妻宮】

意味著：個人與配偶的互動默契不足，理念難有交集，而在家庭的經營上，往往會過度注重個人的見解與作法（主觀意識較強）而忽略伴侶的感受。或也缺乏婉轉的溝通態度，偶爾會有違和及對立的狀態，或對方的情緒雖發難制，無濟於兩者的婚姻生活。因此，在《易經·風火家人卦》中也有這方面的敘述，可以給我們些許的啟示與勉勵：

《風火家人》：家人，利女貞。

◎解意：夫婦各正其位，則家正。家庭的倫理一旦建立，當延伸到家庭以外時，必然也能各得其正，而不偏失於常理。

《象曰》：家人，女正位乎內，男正位乎外，男女正，天地之大義也。

家人有嚴君焉，父母之謂也。父父、子子、兄兄、弟弟、夫夫、婦婦，而家道正，正家而天下定矣。

《序卦傳》：夫婦之道，不可以不久也，故受之以恆，恆者久也。

37

◎備註：

一、夫妻宮的對宮是官祿宮，對婚姻經營的成功與否，會
間接的影響到個人在事業上（官祿宮）的行運狀態，
因此，關於這一部分不可等閒視之。

二、擎羊星化氣爲「刑（刃）」，不喜入六親宮位，這六
親宮是：命宮、父母宮、兄弟宮、夫妻宮、子女宮、
僕役宮。

■擎羊星入子女宮

【得地擎羊星入子女宮】

意味著：在子女中，有個性耿直、心直口快、頗富正
義感、爲人不拘小節、應事直率、凡事喜乾脆、簡明、直
來直往，然而，在其童年成長過程中，個性較爲好動，喜
探索好奇的事物，也因此，易感召身體上的刑傷，甚至父
母在養育照顧上頗爲辛勞。或子女的主觀意識強，注重自
己的見解與作法，而易忽略家人的感受與建議。或子女也
頗有獨立的人格特質，在其成長的過程中，通常能獨當一
面，自行處理身邊的事務，做事不讓父母煩憂。或子女的
個性直來直往，雖有照顧家人的雅量，但與父母的互動偶
爾會有心意難以交集之處。

◎備註：

　　擎羊星化氣爲刑，當它坐落在子女宮時，子女（其中之一）的個性具有陽剛的特質，因此，在與父母互動時往往缺乏柔性，以及溫柔、委婉的體貼感。

【落陷擎羊星入子女宮】

　　意味著：在子女中，有與父母互動較不順暢者。或與其理念難有共識，默契不足，對方往往缺乏溝通的意願，個性不易大而化之（有心事不易向家人傾訴），導致與家人的互動偶爾會有對立或隔閡的現象。或彼此對事物的認知與價值觀有所差距，以致在導正子女的言行上，頗爲辛苦。或其心性不定，個性較爲浮躁，與人往來之間，往往因剛毅、木訥的個性，令人與其互動有勞累及無力感。或有大往小來的憾事（大往小來：付出與所得到的回饋不成比例）。或其心性不易樂觀，缺乏積作爲的企圖心，凡遇挫折時，易將心事往內積壓。或在外缺乏識人之智，易爲損友所傷。或子女的人緣不佳，往往有善緣難具，損友難離的現象……

◎註：關於如何促進親子情誼的理念與作法，在《易經‧
　　風火家人卦》中也有提到這方面的論述，或許可以

給我們一些勉勵：

《易經‧風火家人》

《象曰》：風自火出，家人；君子以言有物，而行有恆。

◎解意：一切事物的發生根本，都是由內而外延伸出去
的，若能了解事物的運行法則，當能從內部建立
一個良好的規範，因此，身為父母親者，若能在
言行之間以身作則，凡事以善的方面來引導家人
的話，就能使家庭和樂融融，持之以恆，家運興
隆。

《初九》：閑有家，悔亡。

◎解意：在經營家庭的過程中，若能防範於未然的話，就
不會有後悔的事發生，如此的話，就能保持家庭
的和諧。

《九五》：王假有家，勿恤吉。
《象曰》：王假有家，交相愛也。

◎解意：一家人應當和諧相處，彼此能互相體恤，和諧共
處。

擎羊星

《上九》：有孚威如，終吉。

《象曰》：威如之吉，反身之謂也。

◎解意：治家的原則在於嚴以律己，以身作則，凡事講求
　　　　誠信自然有威嚴，而令家人能心悅誠服。同樣
　　　　的，子女也應以此為砥礪的目標，若做錯事時，
　　　　能確實的從內在去反省的話，就能得到父母的歡
　　　　心。

《易經・風澤中孚》

《九二》：鳴鶴在陰，其子和之；我有好爵，吾與爾靡
　　　　之。

《象曰》：其子和之，中心願也。

◎解意：就像母鶴在陰暗處鳴叫，即使牠看不到遠處，小
　　　　鶴也會和母鶴應和的；像這種彼此能夠互為呼應
　　　　的默契，就好像遇到知心好友一般，將自己封存
　　　　多年的好酒拿出來與大家分享。

◎延伸含意：個人心中的願望或想法，能適時的得到溝
　　　　　　通，或產生共鳴，當家中成員能以誠意、尊
　　　　　　重來互動的話，表示彼此的默契相投，心意
　　　　　　能夠相通。

我們可以將這一段的意思，進一步引伸爲：當我們在家裡所表現出的言行，如果是正面的、善意的話，即使在千里之外，也會得到相應的，更何況是在近處呢？但是，如果我們違背了這個基本原則，即使在千里之外，也不會產生相應的，更不用說在近處了。因此，一個人的言行對其一生的成就與否，具有決定性的作用，這也就是說：「一個人的誠信與溝通態度是非常重要的，若能像母鶴與子鶴那般共鳴的話，一切從家庭開始做起，這種良善的行爲便能衍生出來，並發揮正面的作用（引導子女走向善的境地），使我們未來的人生能夠處處得到善緣（逢遇助緣——有後輩的善因緣），所行自然會無往不利的。」

■擎羊星在財帛宮

【得地擎羊星入財帛宮】

化氣爲刑的擎羊星（有漸漸消耗之意），當它坐落在財帛宮時，意味著：個人對於錢財運用的概念有待加強。或者對於財物出入狀況不甚在意，辛苦賺來的錢財不易積存下來，反而有漸漸消耗的可能。或者有收入與支出互相抵消的現象。或對錢財的運用缺乏保守的心態，往往先得後失，先好後壞。或者易受衝動心理的影響，而有花錢大

膽、乾脆、出手大方、不知節制的傾向，事後卻又爲缺錢所苦。或可能也有勞多獲少，付出與所得往往不成比例。或雖知節儉是美德，但在現實狀態下，爲支應日常所需入不敷出，因此難以知行合一，導致在人生行運中財庫總有匱缺之憾……

【落陷擎羊星入財帛宮】

意味著：個人爲賺取錢財付出頗爲辛苦，勞碌身心。或者缺乏運用金錢的概念，不擅於將錢財做適當的規劃與管理。也可能在賺錢的來源上有中斷或收入不穩定的現象。或於生活中常爲缺錢操心、煩惱，爲貧困所苦。或辛苦賺來的錢財偶爾會被莫名的因素影響，而有耗盡錢財的傾向。或個人的儲蓄觀念薄弱，缺乏危機意識的建立，往往有寅吃卯糧之患。或也可能在運用錢財方面有決策上的疏失，而導致財物流失的過患……

◎補註：在如何應對上述的問題時，《易經‧水澤節卦》中也有關於這部分的論述，或許可作爲因應上的參考：

《水澤節卦》

《卦辭》：節，亨。苦節不可貞。

◎解意：適當的節制是一種美德（儉德），若過度僵守節
　　　制或慳吝又不知如何變通應用的話，往往就會錯
　　　失時機。

《六三》：不節若，則嗟若，無咎。

《象曰》：不節之嗟，又誰咎也。

◎解意：在應當節制之時，若不知止的話，那麼就會有自
　　　取其咎的過失。

《九五》：甘節，吉，往有尚。

《象曰》：甘節之吉，居位中也。

◎解意：將節制或節儉視為一種美德又能毫不勉強的去
　　　做，由於他能以身作則，使得周遭的人也能樂於
　　　接受並效法他的行為，像這樣的人不論走到哪裡
　　　是會處處亨通的。

■擎羊星在疾厄宮（不分得地或落陷）

【擎羊星入疾厄宮】

　　擎羊星的五行屬性為「陽金」，陽者為腑，陰者屬
臟，金則屬肺經功能（上走呼吸道，開竅在鼻，下走大腸
為輸出道），這意味著：有關肺經的運作功能，得需注重

調養。然而，擎羊星化氣爲刑、爲刃，因此，凡疾厄宮坐擎羊之人，宜注意日常生活當中，防外傷或突發性的刑傷……等等。在個人的命盤上若有化忌星與其同坐，或對宮有化忌星沖入的話，在遇大限或流年時，易引起身體不適或易導致刑傷，不可不慎……

　　落陷的擎羊入疾厄宮，除了上述所提及的論點之外，居於陷地的擎羊星有自刑之刑的涵意（易自行感召身體上的刑傷），因此，在人生際遇的過程中，刑、刃是較難避免的煩惱。所以，爲了避免身體有刑傷之患，平時可依個人能力量力佈施於：傷殘機構、捐血中心、弱勢社團、有關救助的基金會，或濟施於能行善的法人團體，或也可不拘以上形式，以隨應因緣的方式，來行濟利他人的善事。至於若能以實際行動和慈悲心來愛生、護生，愛護一切的生命體並，解除他（牠）們受到恐懼的威脅，相對的亦是在愛護自己的生命（念力發出慈悲心的投射作用），若能尊重一切生命並尊重其存在的權利，而不擅自侵害牠們，那是再好也不過了，發揮愛護生命的行動等於在種植個人的福田一般，因爲這樣的善行而獲得長壽的福報自古以來的案例是屢見不鮮的，這也是基於因果循環的道理來做說明的。

擎羊星

如果你想減少自己在身體方面的刑傷憂慮，

那麼，透過佈施的行動，

在「因地」上，發善心，濟施有重疾危難之人，

則等於種一善緣，使別人能遠離身疾之患，

願將這善行，進一步迴向於普天下受苦難之人，

念念的善行就像一道慈善的光芒一樣，

在我們照亮他人之時，

目標雖然是照亮別人，

但其光芒也會反射到自己的身上來。

■擎羊星在遷移宮

【得地擎羊星入遷移宮】

意味著：個人在外活動的行運當中，個性較為剛毅、耿直，不喜攀緣附會，或阿諛奉承他人。為人有豪氣，處事乾脆、簡明、快言快語，心慈性急，心地善良，有見義勇為，路見不平的豪氣。或者對於人生目標的規劃具有積極的企圖心，也有開發、創造、勇於突破的革新精神（智勇兼備）。或在遇挫折與困境之時，有其因應的智慧且能不懼艱難的排除障礙。或在人生的際遇中具有充分的動能，凡事能將理想付諸於實踐，努力往目標前進。或在人

際、公關、社交活動方面，凡事能以誠信、義氣往來，頗能得衆人信賴與依附……

◎備註：由於擎羊星化氣爲刑（刃），因此，凡事出門在外易感召刑傷之患，若能保持穩定的心性，任何應對謙虛以應且處處廣結善緣的話，或能化解這方面的問題。

【落陷擎羊星入遷移宮】

代表著：個人在人際、公關、社交活動上缺乏圓融的應對技巧，導致善緣難具或往往錯失有利的機緣。或在外缺乏穩定的心性，個性較爲浮躁、衝動，凡遇挫折時難以因應處理。或遇不順心之事時偶爾會有退卻的意念，或以消極的心態面對。或者其人心性較難把持，易受外在環境的變化而影響個人心志。或在其人生行運當中有懷才不遇和才華難顯的憾事。或在外個性不易開朗或大而化之（有木訥的傾向），缺乏人際互動的應變技巧，因此，往往不易交到知心友人……

◎備註：

一、化氣爲刑的羊刃在遷移宮，等於命宮受到擎羊沖入的影響，出門在外易感召身體的刑傷之患，因此，宜修

心養性，調適個人的心性，使之向善的境地，因爲穩定的心性有助於在外行運，甚至化險爲夷，若能固守心志，凡事循常理而行時，則可免於災咎之患。

二、命宮受到對宮落陷擎羊的「刑氣」沖入，將會對個人一生的行運造成某些程度的影響，尤其須注重個人身體的養生與保健，這是因爲「刑剋之星」沖入命宮的效應。

《天火同人卦》

卦辭：同人於野，利涉大川，利君子貞。

◎解意：只要我們隨時保持正直的德性，在人與人之間的相處是祥和的、是信賴的，就好像冒險渡過大河一般，最終還是會化險爲夷的。

《九四》乘其墉，弗克攻，吉。㈠

《象曰》乘其墉，義弗克也，其吉，則困而反則也。㈡

◎解意一：雖然內心有急躁的傾向，但尚有自知之明，如能反省自己的言行，若有失當之處時隨時能回歸原點，暫停一切冒進的舉動，這樣是不會有災咎的。

◎解意二：人與人之間的和同需要以正義、誠信為互動的
　　　　　基礎，若失去這個原則的話，我們的心志將會
　　　　　受到外境誘惑而動搖，所以說：只要與道義不
　　　　　合之事應當遠離，如此的話自然可以趨吉避凶
　　　　　了。

遷移宮中坐擎羊，得地氣勢有擔當，
生性積極智勇全，講求信義有豪氣，
出外行運顯才能，且將理想來實現。
若有陷煞忌同坐，或見陷煞忌來沖，
出外行運有阻滯，當得思量來對治，
一者心性當調柔，衝動急躁易招咎，
二者當謙柔應事，傲慢心態不可有，
三者心志當固守，勿為外境遷己志，
四者遇事不受挫，消極面對事無補，
五者心常生善念，若有所行向善地，
六者能廣結善緣，惡緣不招少災咎，
七者宜多行愛語，性急之言有過失，
若能行於此七事，出外行運善緣至，
一切作為在認知，若能調整己思維，
知見如舵為引導，何愁宿命來束縛。

49

擎羊星

■擎羊星在僕役宮（一般人事往來的狀態）

【得地擎羊星入僕役宮】

意味著：在往來的同事、伙伴及一般人際互動對象中，不乏有心性耿直、果敢、富正義感、熱心、願挺身而出且樂於助人者。或其人具有豪氣，性急心軟，直言不諱，見義勇為，頗有俠義之風，自我肯定的能力強，凡事有其個人處事的原則與作法，個性直來直往，對事務處理的態度頗具積極性，頗有執行的動力及企圖心。或在人際互動的對象中，不乏具有專業技術或學問者，其人有獨特的行事風格能展現才能，為周遭人所肯定，且對其所設定的目標通常能達成某種的成就。或在人際互動中雖然能得友人的助緣，唯友誼的維繫頗富變化性，偶爾會有變數……

◎備註：

人際互動的對象雖有上述的多項特質，但易因對象具有陽剛個性（銳氣），在與其往來時往往缺乏柔性互動的美感，因此，在同事、伙伴的友誼維繫上易生變數（先親後疏、先合後離、初善終惡，有緣分不易維繫之憾）。

【落陷擎羊星入僕役宮】

50

　　代表著：在往來的伙伴、同事當中，不乏有個性剛強、遇事易衝動、情緒管理不良者，由於對方偏重其見解與作法（主觀意識較強），往往忽略周遭人的感受或建議，在與其互動時易帶給個人困擾。或其行事欠缺評估及縝密的心思，有勇無謀，凡事雖能直來直往，唯應變與突破困境的能力欠佳，往往事倍功半，甚至有徒勞無功的現象。或其心性不易把持，易受環境變化影響其心志或操守。或在這些往來對象中缺乏彼此照應、扶持，以及流暢互動的空間，易受其銳氣所傷。或在人際上的往來缺乏流暢度，不易建立綿延的友誼。或個人在交友運勢上有人緣欠佳的傾向，甚至缺乏識人之智，易為損友所傷，導致難逢平輩貴人提攜的機緣……

　　◎註：在《易經‧火風鼎卦》中也有提到這方面的問題，或許可以作為我們在因應上的參考：

《易經‧火風鼎卦》

　　《九二》：鼎有實，我仇有疾，不我能即，吉。

　　《象曰》：鼎有實，慎所之也。我仇有疾，終無尤也。

◎解意：即使具有才能的人，對於人生進行的方向也應當
　　　　要保守因應。比如交友，在與朋友互動往來之間

仍然要抱持著非常謹慎的態度。這就好像仇人有惡疾一般，只要自己堅守正道就不會受其感染，如此的話也就不會爲其所害，也就不會有所怨尤。

■擎羊星在官祿宮

【得地擎羊星入官祿宮】

意味著：個人在工作或事業上具有積極的企圖心，或者擁有向上進取的精神，在工作表現上具有相當的活力，對事務處理方式智謀兼備，凡事重效率，喜以簡明、乾脆、執行力強。或者也能順應時勢的脈動與變化調整個人在工作上（事業）的因應策略。或應事的態度耿直、講誠信、忠誠、盡職，凡事能依循原則處事，在遇困境時也能積極以應，勇於承擔。或也有遇貴人提攜的機緣，易逢有利助緣或得人相助，有利事業發展。或在個人事業上能一展專才，充分實現在職場上，其人生有多彩多姿的際遇，也充滿著起伏變化的經驗歷程……

◎備註：

擎羊的星性充滿動能，尤其坐落在事業的宮位時，個人會將心力投注在其事業上，因此，若過度注重工作上的

成就及表現時，往往會疏忽人際互動的關懷與感性面，令
人近之有威嚴肅穆感，同時也應當重視個人的身體保健，
否則過勞現象易導致身心負荷，而有導致刑傷之虞。

【落陷擎羊星入官祿宮】

代表著：本身對於工作（事業）雖有企圖心，但由於
個性較為浮躁、衝動，缺乏穩定的心性，凡事自我意識過
強時，往往會忽略周遭人的感受與建議，並在人事互動
上。偶爾會有滯礙難行之處。或在職場上的人際往來不甚
調和，往往缺乏有利的助緣（人緣不佳），懷才不遇，有
難展其才之憾。或者在事業上遇挫折與逆境時，易產生退
卻的念頭或以消極的心態面對，導致難以發揮勇氣與毅力
予以突破。或在工作上的個性較為急躁，進退難以拿捏得
當，有患得患失之虞。或者剛愎自用，一味前進，不知進
退之道，易因獨斷或有導致損失的可能。或本身的工作性
質有變動性，在適應上易導致個人的困擾，或偶爾會有工
作中斷的可能性，導致面對職場有失落感鬱鬱寡歡……

◎備註：

宜以本身的專業或積極習得一技之長來創造一番事
業，唯凡事宜循常理運作不可偏離常規，若能收斂過剛的

53

個性，凡事謙卑以應，在同事、伙伴的人際相處狀態中也能廣結善緣的話，則有助於個人在事業上的發展，應可逢凶化吉的。

　　陷地的擎羊星有如失去隨身的武器一般，因此，在職場上的能力發揮顯得被打了折扣，偶爾會有滯礙難行之處，如受刑囚或有處處受限之感，使其人生難在職場上得意的發揮所長。也因此若選擇某些工作暫以安身之時，應注意工作環境的適應與安全問題，以避免身體有刑傷之患。

　　擎羊得地入官祿，事業氣勢有企圖，
　　積極作為有擔當，有如陣前兵將助，
　　一切謀事重效率，唯防過剛不近情。
　　陷地擎羊欲作為，總缺善緣及助緣，
　　縱使用盡千百心，事倍功半難突圍，
　　若以他業來安身，堅忍以待轉機臨，
　　剛中難以柔調濟，但當以此惕自身，
　　若能知己之運勢，當得思量來對治，
　　凡事宜應直中取，不可失志曲中求，
　　日常隨緣結善緣，人際和同無違和，

忠誠盡職守本分，或有貴人及助緣，

若有所行向善地，心地光明結善緣，

急躁行事或有失，以緩濟急多審思，

心性開朗利事業，樂在工作在己爲，

改變行運在思維，如是行持成習性，

官祿運勢轉機至，何愁羊刃來相刑。

■擎羊星在田宅宮（居家生活狀態）

【得地擎羊星入田宅宮】

意味著：個人的居家狀態與家人常有聚少離多的現象。或者居家附近的環境（街巷之間）有人車流動的頻繁現象，顯得有不安定之感。或住家環境偶爾有變動的傾向（或常在外地）。或住家所選擇的環境不甚理想，有遷移他處的顧慮。或者居家內務、整理、佈置缺乏創意及心思。或在居家中心緒不易安定下來，令人覺得有緊繃之感，難以適度的放鬆心情以紓解其壓力。或缺乏置產的概念，以致擁有房地產方面的福分有限。或與家人的互動個性較爲剛直、急躁，凡事直來直往，在與家人的互動上往往缺乏婉轉的態度，以及和諧的溝通磁場……

◎備註：

　　擎羊星化氣為「刑」，「刑」在居家中有「自刑之刑」的意味，也表示著：在居家難以將個人的心緒安定下來，反而容易受到外在環境的影響而有經常在外的現象，對於家庭的經營也缺乏細膩的心思。因此，「田宅宮」的對宮為「子女宮」，若能克服這方面的問題時，將有助於子女的正面成長，使整個家運興盛起來。所以，應多花費心思在家中，並用心把家庭的氣氛經營起來，讓自己在回到家時能透過家中美好的氣氛與感覺放鬆自己的心情，並得到充分的休息（養生的重要場所）。俗語說：「休息，是為了走更遠的路。」而「家」除了提供這個基本的功能外，「家」更是家人心靈默契的交集場所，也是維繫心靈與身體健康的重要因素，因此，對於居家品質的建立實在是非常重要的。

【落陷擎羊星入田宅宮】

　　代表著：個人的居家狀態須留意居家環境，以及住宅設施的維護（整理、佈置、維護等等）。或者在家中個人心情不易開朗，與家人的心意難通，默契不足，導致偶爾會有違和或對立的狀態。或在家裡的個性剛烈，缺乏柔性的互動以及婉轉的態度，不易與家人融洽相處。甚至在家中個人的主觀意識較強，有剛愎自用、我行我素的傾向，

而忽略到家人的感受與建議，給家人帶來煩憂。或與家人
聚少離多，但在偶爾相聚的短暫時間裡，也不易與家人有
親密感，顯得有親情疏離的傾向。或個人對家庭的照顧
上，缺乏責任感也易將個人問題帶給家人困擾。或在家中
心緒不易安定下來，容易受到外界環境的影響，偶爾有出
入頻繁的現象。或也缺乏置產的概念，即使勉強擁有也將
爲其付出頗大心力（房貸壓力）……

　　田宅能養身，兼具利心靈，
　　一生成長中，無不在其中，
　　善擇田宅處，能顧家中人，
　　居家身心爽，應事無不利。
　　擇居少用心，身心難相應，
　　居處少和協，應事難順心，
　　田宅養身處，能影響心境，
　　彼我爲因果，愛烏應及屋，
　　家中氣氛和，遠處亦相應。

■擎羊星在福德宮

【得地擎羊星入福德宮】

　　「福德」兩字意味著：個人的心靈狀態、精神生活的

層次，甚至也可將其延伸爲個人的休閒狀態以及此生福分的多寡。當得地的擎羊星坐落在「福德宮」時，或許可將此種現象做以下的推論：

一、內在心靈狀態呈現浮動狀態，有過度活潑、身心忙碌、難得清閒的傾向。

二、心性易傾向外在的環境或受到環境變化的影響，內心不易安定下來。

三、具有積極的活動力，遇事能堅忍以赴，有突破勇氣的毅力，百折不撓。

四、在潛在人格特質裡，心地耿直、性急直言、嫉惡如仇，帶有威嚴肅穆感（剛毅、木訥），令人望之卻步、敬而遠之，或者不易與其建立親切感。

五、在休閒方面較傾向於動態的活動，有活力充沛感。

六、心思易浮動，難以集中注意力，或者常有精神緊繃感，不易自我放鬆或紓解所面臨的壓力。

七、日常生活中易爲繁雜瑣事操勞或煩惱，難以讓自己的心緒安定下來。

八、在心理層面上有不服輸（逞強）的個人特質，以致在人際往來之間往往有自以爲是的心態，缺乏幽默感。

九、有關心靈生活或自我成長方面，由於心思浮動及穩定力不足，缺乏定力，即使欲探索生命的意義所在，其持續力、恆心、毅力顯然不足，不易確定人生方向。

十、在賺取錢財方面顯然得付出極大心力，頗爲勞碌身心，然在擁有錢財時不易守成，往往容易將錢財耗盡，顯然個人的福報有限（這是因爲擎羊星化氣爲「刑」會沖入對宮的「財帛宮」，造成某種程度的影響力）。

◎備註：個人在福報上，有受「刑」之患，因此，凡事宜惜福、積德行善，以廣植福田（財施㈠、法施㈡、無畏施㈢）來補個人在這方面的不足之處。因爲福德宮的對宮爲財帛宮，若有擎羊星沖入財帛宮的話，則個人的錢財不易守住，反而有先得後失和先有後無的現象。

一、「財施」：隨順因緣並衡量本身的能力佈施，在濟利他人的同時不必太在意佈施錢財的多寡，而應重視個

人的發心。因為隨緣佈施是長期且持續性的善行，若能時時保有利人之心，則同於念念中保有善心，凡播下善的種子必會結出善的果實來，這是因果循環的道理。

二：「法施」：以個人的才華或智慧在適當的時機（因緣具足）發揮助人的功能，令有緣者能遠離煩惱或痛苦。

三：「無畏施」：與大衆結善緣，讓人對我有好感，不但如此並且能將這種胸懷擴及到一切的動物身上，讓牠們不害怕我、不畏懼我（遠離對我的恐懼感——人及動物，情同此理）。

【落陷擎羊星入福德宮】

※當落陷的擎羊星坐落在福德宮時，也有下列的特性：

一、個人的精神或內在心靈狀態易呈現不穩定的特質。

二、心性不易把持，易受外在環境影響而改變個人心志，或者遇事猶豫不決、左右為難，自我肯定的能力不足。

三、潛在個性裡有叛逆性的傾向（不服輸），不易從生活

經驗中尋找較佳的因應方法來突破所面臨的處境（缺乏改變思維的積極動力）。

四、在休閒生活裡雖傾向於動態方面的活動，唯自我調適與控制的能力不佳，導致有動靜失衡的狀態，不但勞累身心又有耗盡錢財之患。

五、生性有孤僻的傾向，不過也有其個人行事的獨特風格，不耐獨處，雖喜廣為交友或者攀緣附會，但往往缺乏人際善緣（人緣不佳），不易結交知心好友、善知識，或有才華難顯、錯失有利時機的憾事。

六、凡面對挫折或逆境其抗壓性低，在難以脫困之際易萌生退卻之心，或以消極的心態敷衍。

七、心思不易專注，思緒紊亂，偶爾有定力不足的現象，遇事易慌亂。

八、易為生活瑣事操勞，難得令自己清閒下來，在有煩惱時易將心事往內積壓，導致心情不易開朗或有鬱悶在心的傾向。

九、行事風格及想法獨特，與現實生活有脫節的傾向，某些事情想得多但做得卻有限，知行難以合一。

十、內在的心靈世界有空虛感，對於現實生活偶爾有徘徊且不知如何因應的窘境，或有不知生命目標的感慨。

十一、人生行運當中偶爾有遇困頓之時，但往往缺乏有利助緣或有錯失貴人提攜的機緣（懷才不遇），甚至勞累身心，為錢辛苦為錢忙。

◎備註：

落陷的擎羊星在福德宮時，其「刑氣」會沖入對面的財帛宮，兩者有互為影響的因果關係。因此，若這種格局者，在其人生際遇中所面臨的困難較多，因此，平日宜多惜福、積德行善、造福，或隨緣量力佈施，或以個人的才華及能力來幫助別人，以此善行廣植福田，另一方面若能時常省思個人的言行，凡事善於補過的話，或有超越宿命的可能。

在「紫微斗數」的基本論述裡，除了命宮與身宮關係密切，有一個宮位對我們的心靈部分頗具有影響力，那就是「福德宮」。個人精神層次的提升以及潛意識作用的狀態，或者是休閒生活的選擇方式，內在心靈的充實，以及個人的福報……等，皆與「福德宮」內所坐落的星性有著極大的關聯，如果這個宮內所坐落的星座是落陷六煞星之

一的話（擎羊、陀羅、火星、鈴星、地空、地劫），我們
可以將其推論爲：個人在精神生活的層面上需要積極的成
長與提升，否則一旦面臨逆境的考驗時，個人的承受力恐
有不足之處，易生消極心態，對於個人的際遇於事無補。
若能積極的開發個人潛能，從人生的歷練中學到因應的智
慧，使生命邁向成長與進化的方向，則生命便具有多彩多
姿的積極意義，也能從生活體驗中使個人的心靈得以充實
與自在。

　　從心理學的角度來看落陷的擎羊星在福德宮時，這似
乎意味著：個人潛意識內的某些特質容易在時空因緣的際
會下而引發躁動、消極的心態，然而這或許跟個人在成長
過程中的經驗有關（包括個體生命經驗以及對社會認知的
價值觀，兩者有著極大的關聯）。

　　若從超心理學的角度來做假設性推論的話，或許可將
陷地的擎羊星坐落在福德宮解讀成：個體在生命歷程中帶
著某些往昔未能善了的業力（前世因緣，有未善了的缺
失），導致這門功課隨著時空的轉換再次的在此生呈現出
來（註：因未善了之業的緣故，此生需得再次的從生命際
遇中，將它轉化成善的結果，爲的是讓生命往進化的路線
前進），因此，個人的言行舉止常在深層的意識中流露出

來（前世的經驗尚積存在潛意識裡）。

擎羊入福德，心性易浮動，

性急難安靜，情緒多起伏，

心思難專注，思慮瑣事多，

精神若受挫，心意少積極。

爲今宜認知，此是今生課，

凡事有因緣，果必在其中，

今生少善緣，想必有其因，

若欲得善果，關鍵在認知，

若能自省思，善於補己過，

凡事來則應，退避未可行，

於今及未來，善事令增長，

惡者不令生，如滴水穿石，

終能竟其功，積福德如斯，

常生慚愧心，謙卑能自守，

善緣若處處，自有助緣至。

■擎羊星入父母宮

【得地擎羊星入父母宮】

意味著：父母親之中有個性耿直、剛毅、正直、處事

有原則、自我肯定能力強者，凡事能堅忍以赴、克盡職責，但對子女的要求較爲嚴格，令人覺得有壓力感。或其與子女的互動缺乏婉轉的態度及主動性，令人近之有威，致使親情之間的互動易產生距離感。或其性直心軟，在子女遇困難之時能積極的伸出援手去幫助他們，使他們脫離困境。或其剛毅的個性不易表達其內心感性的一面，讓子女了解父母的心意。或者也指個人與父母的互動偶爾會有心意難通（隔閡）、默契不足之處，致使與父母之間的距離有日漸疏離的傾向……

◎備註：

　　父母宮也代表著個人在職場上的「長輩緣」，如果個人的「父母宮」所坐落的星座皆具正面性的話（不與陷煞忌同宮，或陷煞忌由對宮沖入本宮，或空劫相夾父母宮），那麼這個人的成長過程承受著父母的厚愛與庇蔭，將會帶給他日後在事業上受到老闆、長官、主管的重視與提攜，也許這兩者之間有其相互的關聯與共通性，因爲父母宮也可將其所代表的意義延伸，並擴及到個人與長輩、貴人之間的互動因緣。

　　可見個人與父母互動的流暢與否與我們在事業行運的

成就有著某種微妙的關係，似乎在冥冥之中醞釀著這股潛在的能量。因此，如果你想改善老闆、主管對你的認知與態度，甚至有善意回應的話，則可從加強親情互動這方面來著手改善，這種從根本的作法也是增長個人福報的一種方式，只要你願意去做，持續不斷且心甘情願的話，久而久之你自然會擁有那種氣質，進而改變個人的際遇（凡事謙卑的人，他的際遇自然是無所不利的）。

【落陷擎羊星入父母宮】

　　代表著：個人在成長以及成長過程中缺乏父母（其中之一）的苛護、關愛與照顧，使得親情之間的緣分較爲薄弱。或者父母親中有個性不穩定，心性較爲浮躁，或其情緒雖發難制者，因而與其互動的意願缺缺，致使親情關係顯得有隔閡或距離感。或者父母親在照顧子女的能力上有所不足，往往勞累身心，付出與回報不成比例，難得清閒下來。或對子女的要求甚嚴卻又缺乏以身作則的典範，致使子女與其有疏離感，無所適從。或父母有心事不易表露出來，不易大而化之，往往將心事向內積壓，在家難得見其開朗，偶爾會有鬱悶的傾向，其木訥的個性令人不易與其打成一片，彼此心靈之間難有交集點。或者其中一方與子女的相處聚少離多，難以顧及到子女的生活起居。或父

母之間的感情互動需待加強，偶爾會有心意難通、默契不足、難達共識之處……

◎備註：

　　若能了解個人命盤上的父母宮狀態時，你便能從中增長智慧，學習到與父母互動的正面模式。有關這一部分的論述，我們可引用經典來說明父母對待子女的態度，作為個人的省思，並從中改變思維來促進親子的情誼，從根本改善與家人的互動，將有助於個人在一生行運中有著處處逢遇長輩貴人的機緣，因此，從因地上下功夫，則有助於獲得善的果報回應。在《大藏經‧佛說父母恩重難報經》裡特別提到子女對母親（父親）應懷十種報恩的內容：

《大藏經‧佛說父母恩重難報經》

　　第一、懷胎守護恩。

　　第二、臨產受苦恩。

　　第三、生子忘憂恩。

　　第四、嚥苦吐甘恩。

　　第五、迴乾就濕恩。

　　第六、哺乳養育恩。

　　第七、洗濯不淨恩。

第八、遠行憶念恩。

第九、深加體恤恩。

第十、究竟憐憫恩。

　　基於以上父母給我們的十種恩德，所以，如果你的父母親都健在的話，你實在是世上最有福報的人，因為你仍有機會運用自己的智慧來改善這種親情關係，並進一步以正面及關懷的態度來回報他們。至於就以往父母對待你的態度而言，你需要學習以包容的心境來諒解父母的苦心，從自己的內在去化解那道藩籬，這門功課將是改善你生命的一項重要突破。

　　　擎羊坐落父母宮，生來親情緣分薄，

　　　或受福蔭尚不足，為人子女宜自勵，

　　　因緣本自相依附，此生當善了此緣，

　　　若能知解此宮運，等同長輩善緣至，

　　　我與父母緣分定，為人應善盡子責，

　　　知己命者心無惑，宜以智慧來化解，

　　　父母緣分善緣聚，貴人處處易逢至，

　　　轉識成智如轉運，超越宿命在己為。

陀羅星

陀羅星

　　在《封神榜》中，以「黃天化」這號人物來代表陀羅星的特性，便於使人理解「陀羅星」在命盤十二宮中的特性與含義。話說七殺星戰將黃飛虎（其妻賈氏（太陰星）不甘受辱於紂王，為保自身貞節，投身入蠱池自盡，帶領著將軍府中的弟兄們，反出朝歌（商紂王之都城），過關斬將的往西岐城而來，為的是投奔武王姬發。因此，一路上遭遇重重的阻難，不料在潼關一戰時，被守將陳桐以火龍鏢打中，喪失了性命。

　　那日，青峰山紫陽洞道德真君忽然心血來潮，正運元神，屈指一算，算知黃飛虎遭遇死難，便命其弟子黃天化來到面前，對他說：「你的父親黃飛虎，現正遭受危難，你應速去救你父親脫離險境。」話一說完，便賜一支莫邪寶劍與一個寶籃，以及救命丹藥給天化，並教導他如何破解陣勢……。

　　原來，黃天化乃是黃飛虎失散多年的長子，想當年，黃飛虎與其三歲長子天化在後花園玩耍之時，由於天化頭

頂射出一道殺氣，正好阻住道德眞君的雲路，由於眞君的一念慈悲，不忍幼子早夭，便將其帶往青峰山紫陽洞修鍊，誰知，歲月如梭，一轉眼已過了十三個年頭，而黃天化也練就了一身的好功夫……。

黃天化承師命，藉土遁來到潼關，一見父親黃飛虎死狀面如白紙，於是便命人取水來，天化取出丹藥和水化開，撬開飛虎的牙關，灌下藥之後，再用藥敷上傷口，緊接著救其他受傷的人。就在天色微明之際，飛虎大叫一聲：「痛死我了。」睜眼醒來，總算從鬼門關裡又活了過來。父子二人自此相認，兩人相擁而泣，圓了這十三年來的思子之情，於是飛虎便把反出朝歌之事一五一十的向天化說。黃天化聽到母親賈氏與其姑姑西宮黃妃，均遭受昏君與妲己毒手，義憤塡膺的氣昏倒地，衆人把他救醒之時，他仍然哭得非常的傷心。

此時，潼關守將又來叫陣挑戰，父子二人上陣迎戰，陳桐的陣勢不但被破，連火龍鏢也被黃天化收了，潼關一戰，也因黃天化的出現而解除了危機。黃天化除回山覆命之外，黃飛虎一路突破重圍，直到西岐城，投奔武王的麾下，仍受封爲武成侯。在衆多大小諸侯一齊擁護武王姬發，氣勢越來越盛之際，武王只好順應因緣，爲救黎民百

姓出水火之苦，而擔起伐紂總指揮的任務。

伐紂期間，黃天化（陀羅星）便是征戰的前鋒將，他與楊戩（擎羊星）、哪吒（火星）、雷震子（鈴星）等為開路先鋒，一路上立下無數的戰功，由此可見，黃天化的智慧與善戰的能力，不但令人敬佩，用允文允武來形容他的才華實不為過。

以上是引用《封神榜》的故事來詮釋「紫微斗數」中各星性所虛擬的代表人物，自然是最容易讓人理解了，代表陀羅星的人物黃天化，也適合其邏輯性的推理，將其應用在陀羅星的特性描述上，也就易於令人領悟，以及推理其中奧妙的含意。但由於各個星座的代表含意中均有其正面與負面（得地與落陷）的特質，讀者宜從中釐清，不可混為一談，否則對於命盤的解析將難以全面性的分析個人運勢的優、缺點，造成命盤上的負面效應過多，正面激勵的效果太少，如此的話不免令人覺得沮喪，一旦缺乏突破宿命的能量時，對於個人生命的經營也會出現不利的影響，豈不誤了前程。尤其在論到六煞星時（羊陀火鈴空劫）得更加謹慎才是。

星　名	五行	化氣	司　　　　主
陀羅星	陰金	忌	剛毅、果敢、細（恆）心、持續力、挑戰、鑽研、研究、博學多聞、自我中心、主觀意識、消耗、折磨、蹉跎、疾傷。

■得地陀羅星入命宮

一、 為人性直剛強，膽大心細，與人往來之間重仁義且有豪氣的特徵。

二、具有嫉惡如仇的個性，心善直言，個性勇猛，不懼權威，不攀緣附會，也不降格以求。

三、承受力與毅力強，凡遇挫折或逆境時能百折不撓，堅忍以赴，突破難關。

四、注重個人的主觀見解，喜探索及挑戰新鮮事物，有不服輸的執著特質，也因此易感召身體刑傷或有疾患在身。

五、允文允武，應對事情細心、專注，能有條不紊或按部就班的循序運作。

六、個性不急躁，有耐心，凡事能有條理的因應，有事緩則圓的特性。

七、個性保守，具有守成的特質。

八、對事物的觀察與分析的能力強，有自我成長以及潛心研究的特質，且樂於投入其中。

九、對於學問的追求具有積極的探討動機，或者也有淵博的知識，通常能樂於投入所專注的領域或其興趣裡面。

十、應對事情冷靜，井然有序，凡事有自己的見解與作法，自我肯定的能力強，不易受到外在環境的變化而動搖個人心志或操守。

十一、具有積極的活動力，對於人生也有強烈的企圖心，唯恐剛毅的個性及自我中心的意識，不易在現實生活中兼顧到人際互動層面。

十二、對學術或專業的技術頗有專注及深入研究的傾向，唯恐過度投入而造成身心緊繃、過勞的現象，有礙身心健康。

■落陷陀羅星入命宮

一、外表冷靜，內在急躁，雖自我要求甚高但易感召壓力上身，不易排解內在的苦悶，有鬱鬱寡歡的傾向。

二、缺乏環境變化的適應力，或缺乏觀察力而導致人際關
　　係不佳（人緣不好）。

三、處事雖喜乾脆、簡明、扼要、重效率，但事後往往反
　　覆檢核，或搖擺不定，或事後追悔。

四、注重個人意識的伸張，凡事雖有自己的見解與作法，
　　卻易忽略周遭人的感受與建議，造成人際疏離的現
　　象。

五、個性較為木訥，人際往來之間往往欠缺主動及積極
　　性，有孤鳥離群的傾向。

六、應對事情雖能慢條斯理，但效率不彰，缺乏積極以及
　　臨機應變的行動力。

七、面臨挫折或逆境的考驗時，通常欠缺耐心與毅力，往
　　往有自怨自艾的傾向或者缺乏理性的思考，易將情緒
　　往內積壓或因憂悲而引起身心不適的後遺症。

八、凡事易過度專注於某項事物上，而忽略對人性的關懷
　　與感性互動的一面。

九、易將心事內結，遇事有鑽牛角尖的傾向，如此循環反
　　覆，缺乏豪放及大而化之的氣度。

十、遇事舉棋不定或者有猶豫不決的傾向，往往錯失好時
　　機。

十一、擁有博學或專業的技能，唯在人生際遇中有懷才不
　　　遇、才華難顯，或缺乏貴人提攜的機緣。

十二、陀羅星化氣爲忌，因此，有過度勞累身心（能量過
　　　度付出）而感召身體刑傷之患。

※陀羅入限吉凶訣：

　　限遇陀羅繁事多，應事忍耐要謙和，

　　得地陀羅責任重，過度投入累身心，

　　陷地陀羅亦須記，舉事慎重勿自責，

　　若有陷煞忌同坐，或見陷煞忌對沖，

　　行限當中須保守，凡事不可急躁進，

　　或者舉事大擴張，進退之道須以智，

　　運勢消長本常理，以靜制動待機臨。

※陀羅星，可能坐落命宮的宮位結構圖解：

（圖一）陀羅不入 子午卯酉

	午		
	陀羅不入 子午卯酉（圖一）		酉
卯			
		子	

（圖二）陀羅可能坐落命宮基本結構

陀羅 -2（巳）	午	陀羅 +4（未）	陀羅 -2（申）
陀羅 +4（辰）	陀羅可能坐落命宮基本結構（圖二）		酉
卯			陀羅 +4（戌）
陀羅 -2（寅）	陀羅 +4（丑）	子	陀羅 -2（亥）

◎寅、申、巳、亥均爲落陷之地

■陀羅入命宮綜論

一、陀羅星化氣爲「忌」，忌有「己」、「心」兩字合爲「忌」的含意，因此，有過度投注心力在自己身上，往往易忽略周遭人際互動（人事）的協調性。「忌」也有：在人生際遇的過程中，先得後失、先好後壞、初成終敗，或者有初善終惡的現象，令人在生活中有大起大落，或有如浪裡行舟的起伏變化。

二、「忌」：有煩惱、麻煩、障礙、困難、挫折、先順後
　　逆、缺乏有利助緣……等等的意味，因此，縱然陀羅
　　星居於得地的氣勢（在命宮），但人生的運勢發展仍
　　應保守爲要，否則恐怕有上述的現象。

三、陀羅星雖爲一顆勇猛善戰的星座，但當它坐落在命宮
　　時，不論得地或落陷，宜以穩定身心爲要，對外宜愼
　　冒進，甚至在改變、創新、突破、挑戰的行動上宜應
　　多加保守，否則恐有過度投入，勞累身心，或者付出
　　與回報不成比例，導致傷痕累累、初成終敗的現象。

四、「陀羅」：有陀螺之意（不分得地或落陷），可將其
　　延伸爲：原地打轉、循環反覆、拖延、蹉跎、自我折
　　磨、重蹈覆轍、以自我爲中心，或外表冷靜，內在焦
　　躁……等等的意味。因此，在其人生際遇過程中宜學
　　習開放的心胸，常保持樂觀、活潑的心情，有助於個
　　人身心的平衡，甚至可化解過度注重自己或鑽牛角尖
　　的現象。

五、化氣爲忌的陀羅星，「忌」也意味著：與人互動不易
　　建立善緣，或容易有初善終惡的現象。因此，也帶有
　　「孤辰」的含意，表示個人的見解與作法不易得到共

鳴或爲人所理解，所以，內在總有孤獨感或鬱悶在心，造成身心難以調和的矛盾現象。

六、化氣爲「忌」的陀羅在命宮，身心的穩定度易失平衡，若凡事過度積極或反覆周旋其中，疏於拿捏進退之道時，則身體易感召刑傷之患或帶疾在身，關於此點，不可等閒視之。

■陀羅入命宮的生命機轉

每個人的命盤都有六煞星，分別坐落在十二個宮位上，然而六煞星也有得地與落陷的區分，這兩種狀態所呈現的現象構成人生際遇的機轉與對生命領悟的啓示，因此，六煞星可以說是刺激生命進化的推進器，生命的歷程中若缺少這原動力的話，將會降低個人對於刺激所帶來的生命覺醒，如此的話豈不枉來人間一遭。所以說：「每個人的命盤上應審視六煞星坐落的位置，其宮位便是人生必須從經歷中學習心靈進化與成長的功課。有了六煞星的衝擊與考驗，個人便能從中學習到愛與智慧的增長，進而以更超然的角度來面對當下的人生。」

每個人來到這個世間上都有本身要學習與成長的功課，而這課程也是自己早就預約下來的，沒有人給我們訂

下任何功課，若是有的話，也可能是自己業力的感召（善業、惡業、無記業－－不經意所作的不善業）。因此，每個人都有各自的功課，雖然人人不盡相同，但通常指向一個特定的目的地，那就是：每個生命的個體在其深層的潛在意識裡無不在尋求生命進化的途徑，而「紫微斗數」剛好在這方面給個體生命提供了一個自我了解的空間，讓我們從個人的生命密碼中解碼出來，並從中找到因應之道，以及對生命提升的領悟。也因為如此，若能透過「紫微斗數」命盤的解析便能讓我們從人生際遇的呈現一覽無遺，一旦能透析存在現象的本質時，身心豁然開朗，便有超越宿命的可能，勇於面對當下，活出自己的人生。

坊間有些紫微斗數的古籍，對六煞星的陳述或說明總是負面多於正面，寫得危言聳聽，令人閱後頗覺心感感焉，對於未來的人生旅程懷有恐懼感，戰戰兢兢，深怕下一步會掉入萬丈深淵中……。個人認為，凡事沒有絕對的好，也沒有絕對的壞，只要能在透析個人命宮的優、缺點時，若能知行合一，改變思維，創造命運，並且去身體力行的話，生命即擁有轉寰的空間，有著極大的變數與未知數。

陀羅星其陰陽五行屬「陰金」，化其氣爲「忌」，因此，在個人的生命經驗中是需要陀羅來坐鎮的，陀羅如陀螺，其旋轉動力離不開中心點，但也須與離心力保持平衡才能維持旋轉狀態，這意味著：若以個人爲中心點作爲生命重心的話，得須與維持生命的環境狀態保持適度的平衡，否則的話，過度偏頗或不足將會造成失控現象，進而產生所謂的吉凶悔咎，一旦陷入其中便不易從中解脫出來。因此，凡陀羅坐命之人，不管得地或落陷，在其一生中得學習開放的心胸，凡事不可過度自我，若太注重自我的話，將會令自己陷入泥沼難以自拔。至於對周遭的人際互動若能持以更寬容的態度來包容他們的話，個人的生命即擁有改善的空間。因此，凡陀羅坐命之人，在自己的生命中也有一把能夠超越宿命的鑰匙，只要你願意去打開它，你將會看見生命有著燦爛的光芒。

凡陀羅坐命宮者，不論得地或落陷論，其一生中易招刑傷之患或有帶疾在身的煩惱，爲了應對這方面的缺失，平日宜多行善積德，在具體的作法上可做些量力而爲的事情，比如：捐贈發票、捐贈財物、捐血，或衡量本身的經濟能力，以隨緣（註）的方式濟施於殘障福利機構、重傷疾患、養護中心……等等救濟助人的社福團體或基金會，

當然也不侷限於對個人的協助，需視個人能力而爲之。

◎註：

　　「隨緣」：指個人在行善之時宜衡量本身的能力爲之，不管是財施或者以能力來幫助別人也好，凡事宜重發心，把行善之事化爲長期的行動，如此的話，則能懷著念念的善心融入在日常生活中。

　　得地陀羅入命宮，秉性剛直有擔當，
　　博學多聞有專業，具備耐心與細心，
　　百折不撓有毅力，凡事固守己本分，
　　若有陷煞忌同宮，或見陷煞忌對沖，
　　人生際遇波折多，須防身體帶刑傷。
　　落陷陀羅坐命宮，寅申巳亥不得地，
　　四馬之地如陀螺，一生奔波團團轉，
　　勞碌身心難得閒，貴人難遇少善緣，
　　縱使費盡百般心，難得如意鬱在心，
　　若有陷煞忌同宮，或見陷煞忌對沖，
　　落陷行運尚阻滯，何況陷煞忌又侵，
　　於人行運易晦滯，身心受累有創傷，
　　陀羅勢弱運蹉跎，浪裡行舟遇波折，

唯今若能知己運，當得思量來對治，

一者心當存善念，若有所行循正道，

二者行事當保守，躁進當防有損失，

三者當固己心志，凡事勿受外境遷，

四者雖有企圖心，宜防過度反效果，

五者心性不孤僻，人際往來結善緣，

六者凡事不強求，隨遇而安福自有，

七者應事能開朗，抑鬱在心招疾患，

八者思維當寬廣，處事不可如陀螺，

九者心量當廣大，心中無怨德自有，

十者善能行佈施，能量己力隨緣施，

再者愛生且護生，發心濟助傷殘者，

或者日行於一善，不求回報樂意施，

如此念念存善心，迴向一切苦難眾，

或可對治身疾患，或轉宿命轉機至，

只要轉識能成智，陀羅亦是智慧人。

■陀羅星在兄弟宮（往來密切的朋友）

【得地陀羅星入兄弟宮】

意味著：在手足之間有個性剛強、勇武、果敢、重義

氣者，其擁有博學或專精的技能，爲人文武兼備，與兄弟姐妹的互動雖有距離感，但頗有照顧他們的雅量。或其人個性外在剛強，凡事有自己的見解與作法，頗能固守本身心志，不易爲外在環境所動搖。或其有事緩則圓的個性，處事能不急不躁，按部就班（讓人有慢吞吞的感覺）。或其人心思細膩，凡事能再三斟酌，愼重思維以對，處理事情有條不紊。或其與手足之間的互動有聚少離多的現象。

【落陷陀羅星入兄弟宮】（往來密切的朋友）

◎代表著：在手足之間有個性剛強、勇武果敢、自信過度者，與其互動往往缺乏婉轉的態度，因此，與兄弟姐妹的互動往往過度重視個人的見解，卻疏忽家人的感受，甚至其個性易帶給家人困擾而不自知。或其個性有木訥的傾向，與家人的互動缺乏輕鬆、愉悅的氣氛。或其個性寡言，遇事不易將心事傾訴出來，或大而化之與家人分享，有心事往內積壓的傾向。或與其往來較屬於單方面的互動，彼此默契不足，偶爾會有難達共識之處。或其個性較爲好動，與家人聚少離多，有親情疏離的傾向……

兄弟宮中坐陀羅，得地氣勢有擔當，

若無忌煞來會照，文武兼備有作爲，

84

為人心性且穩重，心思細膩有耐性，
忠於職守講信義，心志不為外境遷，
遇事從容能應對，動靜之中守本分。
落陷陀羅坐兄弟，若有陷煞忌同坐，
或見陷煞與忌沖，手足情誼易疏離，㈠
若能思以來引導，手足情誼同僕役，㈡
一者親情本殊勝，應惜手足相友愛，
二者因勢來利導，誨其不倦無怨尤，
三者同心興家運，居家當以和為貴，
四者本是同根生，彼此宜當相照應，
若能行於四事中，手足情誼自綿延，
兄弟宮同僕役宮，彼此互有道理通，
手足情誼能相惜，在外平輩貴人多，
交友運勢若順暢，運勢如帆遇順風，
若能知此大利益，當有智慧來改善。

◎註：

一、「沖」：在此意指「兄弟宮」的對宮「僕役宮」，有
　　落陷的煞星沖入（兄弟宮），比如有擎羊、陀羅、火
　　星、鈴星、地空、地劫等落陷的煞星沖入。

二、「手足情誼同僕役」：手足是指兄弟宮中的狀態，而僕役是指僕役宮，僕役兩字有：同事、事業伙伴、朋友、平輩的人事往來的含意。因此，兄弟宮的手足情誼是融洽？或親情疏離？這現象的良性與否，將會連帶影響到個人的交友運勢（連鎖反應），這其中或許夾雜著某些因果循環的道理。

◎兄弟宮←—→僕役宮（彼此有互為影響的效應）

三、陀羅與擎羊兩星的運行方式主要是以「祿存」為中心點，隨著祿存的走向而一前一後的緊跟著，並移動其位置，簡單的說就是：陀羅與擎羊通常夾著祿存移位，因此，這兩顆星所坐落的位置具有一得地，一落陷的特色。所以，陀羅與擎羊兩星是永遠不會同宮而坐的。

四、「祿存星」：永不落入辰、戌、丑、未的四墓之地。

■陀羅星在夫妻宮（婚姻狀態）

【得地陀羅星入夫妻宮】

意味著：伴侶具有耿直、果敢、心直的個性，處事心思細膩，對生活起居的照料能有條不紊的打點。或與伴侶

互動的敏感度強，通常能為對方付出心力，或能處處為對方設想，並以其才智來幫助對方成就。或伴侶的自我肯定能力強，凡事能按部就班的循序處理，井然有序。或與伴侶的互動有其個人的原則與堅持，凡事講求原則，對事理的分析力佳，具有獨當一面的能力。或其注重個人的見解與作法，思路敏捷，對環境變化的觀察力強……

◎備註：

　　得地的陀羅星雖然具有上述的多項特色，但因其化氣為「忌」，因此，對方若過度凸顯自我中心時，由於主觀意識的伸張，易在兩性相處的情緣上造成心意難通與默契不足的現象。化氣為「忌」帶有晦暗的含意，也表示著：伴侶的自我意識缺乏柔性、感性的互動空間，易在兩性之間產生莫名的隔閡，或因對方的人格特質造成自己困擾。而對方也可能因其心思過於細膩而有自尋煩惱的傾向，這種負面的磁場相對的也會影響到伴侶的情緒。若未能思及改善的話，久而久之將有消耗夫妻善緣的可能性，進而導致彼此感情的疏離，不可等閒視之。

【落陷陀羅星入夫妻宮】

　　代表著：伴侶是個心思細膩的人，但易以自我為中

心，往往會過度堅持個人的見解與作法，而有自尋煩惱的傾向。或對方雖有體貼的心意，但不易將其內在的感受表露出來，似有孤僻感。或伴侶有木訥的個性，有沉默寡言的傾向，但對周遭人事的敏感度強。或在處事時顧慮較多，行動卻有限，缺乏實際執行的動力，往往錯失有利時機。或其在面對問題時缺乏與對方溝通、協調的能力，導致心意難通，彼此的感情有日見疏離的傾向。或伴侶個性較為內向，面臨事情的因應以及臨機應變的能力不足，一旦受挫時往往有消極應付的心態。或伴侶缺乏營造柔情、浪漫氣氛的心思，在心情上偶爾會有緊繃的現象，難得見其自我放鬆，也易將這種情緒影響對方，造成對方的困擾……。

◎註：

一、落陷的陀羅星當它坐落在夫妻宮時，易將這種化氣為忌的晦暗特質更加的凸顯出來，造成兩性互動的負面影響，但陀羅畢竟還是一顆頗為善良的星座，只是個人對愛情的執著點與經營角度的不同而已，也意味著：凡陀羅坐夫妻宮的人，對愛情是相當專注與執著的，只是這種意識一旦過度伸張時，則易造成對方的困擾或煩惱，因此，若能了解配偶具有這方面的優、

缺點時，則應更具耐心來包容對方，讓對方能學習到這方面的成長。

二、化氣為忌且居於陷地的陀羅星，帶有孤獨、寂寞的另一層含意，因此，當它坐落在夫妻宮時，可能意味著：伴侶有孤僻的個性，其人外在不易開朗，內在偶爾有落寞的難言之隱或身心有失平衡之處。因此，顯現於外在的人際互動、公關、社交活動上，往往缺乏因應的能力，甚至若以自我為中心，把自己封閉起來的話，如此一來，便將形成名副其實的陀螺了。

三、凡事沒有絕對的好以及絕對的壞，這判定的關鍵在於個人的認知角度的不同，以夫妻宮坐陀羅星而言，配偶有可能是我人生中的剎車器，因為陀羅也具有凡事慢慢來的特性，一急一緩當中，或有其平衡與既濟之處。所以，千萬不要以消極的心態來看命盤，夫妻情緣的建立應有非常殊勝的因緣才能在此生相聚。因此，兩人之間一定有各自的功課需要去完成，不可一味苛求對方或造成對立狀態，若是如此的話，反而忽略了自己的問題。

夫妻宮中坐陀羅，得地為人且剛毅，

陀羅星

個性保守勵己嚴，能以才智益伴侶，
應事心性能沉穩，事緩則圓有調理，
陀羅化其氣為忌，忌有晦暗煩惱事，
夫妻命運共同體，偏重自我則招忌，
愛及伴侶情緣深，過度為之陷泥沼，
我執我見宜對治，夫妻互動會改善，
同心協力興家運，默契相投氣象新。
若人命宮坐陀羅，落陷氣勢則銳減，
若有陷煞忌同坐，或見陷煞忌來沖，
其人心性欲積極，人生運勢難得意，
加以挫折累身心，時不予我有怨言，
縱使伴侶來相助，勞碌身心難如意，
夫妻行運有阻滯，彼此心靈易疏離，
若能知己之行運，當思良方來對治，
一者互動具耐心，伴侶外冷心熱情，
二者心性宜開朗，個性木訥可改善，
三者應事宜協商，柔性以對是良方，
四者宜應重休閒，導其身心能放鬆，
五者愛烏應及屋，彼此包容情綿延，
六者導其心量廣，一切作為無怨言，

若能落實行六事，夫妻同心家運興。

■陀羅星在子女宮

【得地陀羅星入子女宮】

意味著：子女中有耿直、剛強、果敢、個性保守者，對事物的學習頗為細心專注，通常能在其專業上發揮所長。或其獨立性強，遇事能妥善的因應。或其對事物的因應有自己的原則與作法，自我肯定的能力強。或其個性細膩、有耐心，對事物的觀察與分析能力佳。對事物的認知具有探索的動機及行動力，也因此易為其帶來身體上的刑傷之患……

◎備註：

一、得地的陀羅在子女宮雖有上述的多項優點，但因化氣為忌，因此，為人父母者在與子女互動時，易因子女的自我意識過強，而產生彼此在認知上的差距或隔閡。

二、子女宮中的陀羅有陀螺與蹉跎的意味，若將其意延伸來推論的話，也代表著：子女中有個性慢斯條理者，雖然具有細膩的心思，但易自尋煩惱，往往錯失人生

的寶貴時機，也因此有人生行運上的蹉跎現象。

【落陷陀羅星入子女宮】

代表著：子女中有個性甚爲活潑者，好動以及叛逆的個性，在其童年成長的過程容易帶來身體上的刑傷之患（或有舊傷在身），父母在養育及照顧上頗爲辛勞。或子女中有個性自以爲是者（主觀意識強），與其互動時常有周旋反覆的現象，頗令父母困擾，親子之間不易建立親密感，甚至心意偶爾會有違和之處。或其個性較爲內向，凡事不易大而化之，心事有往內積壓的傾向。或其心思雖細膩，但往往想得多而付諸實行得少，與家人互動個性不易開朗，令人覺得鬱鬱寡歡，有自尋煩惱的傾向。或重視個人的理念及作法，往往忽略家人的感受與建議。或與父母之間的心意難通，彼此在認知上有差距，易令父母爲其擔心。或其獨立性強，與家人聚少離多，難得齊聚一堂閒話家常。或不易理解父母的心思，缺乏善解人意與分擔父母辛勞的意願……

◎備註：

一、落陷的陀羅（化氣爲忌）入子女宮，意味著：子女中有個性較爲活潑者，由於生性好動、剛強、果敢、好

勝心強，喜好探索新鮮事物以及挑戰各種高難度的活動，也因此在其童年期間即易感召身體有刑傷之患，另一方面，外表雖活潑、好動，但卻有著內向的個性，容易疏忽外在環境的變化而缺乏權變因應的能力，甚至若過度以自我為中心的話，則有人際疏離的可能性，導致子女的人生行運有蹉跎的現象。

二、若能引導子女以開放的心胸在人際間廣結善緣，那麼或可彌補自我封閉的缺失。

三、為避免子女在身體上的刑傷之患，平日可引導子女做一些惜福、惜緣、佈施，以及愛生、護生方面的善事，並將所做的善行迴向祈求身體健康。

子女宮中坐陀羅，得地凡事有作為，
博學多聞兼文武，思路敏捷心細膩，
凡事欲行能思量，按部就班循序進，
唯其化氣為暗忌，縱有積極企圖心，
亦當調和於人際，否則陀羅成陀螺。
若有陷煞忌同坐，或有陷煞忌對沖，
父母若知子女運，當思良方來引導，
一者應以身作則，言行互動存善意，

二者循循來善誘，爲其付出無怨尤，

三者導其能行善，對治其身易刑傷，

四者導其心開朗，人際互動結善緣，

五者勉其量己力，費心強求反效果，

凡事積極當適度，隨順因緣不強求，

若能行於此五事，父母當是智慧人。

■陀羅星在財帛宮（財務狀況）

【得地陀羅星入財帛宮】

意味著：個人在財務上注重個人理財的能力，凡事能肯定自己運用的方式及作法。或在個人理財方面善於細心盤算，以財再增財利，周旋反覆，頗費心思。或在賺錢（獲利）方面頗爲勞碌、奔波，雖能全力以赴，但卻難得讓自己清閒下來。或在財務管理方面能夠妥善規劃、運用，由於個性保守的緣故，能將部分的錢財積存下來，但常爲錢財的調度操心，心神難以踏實（由於陀羅星會沖入對宮的福德宮（註），導致有爲錢辛苦，爲錢仔細思量的耗神現象）。

◎註：「福德宮」：代表著個人的福報多寡，以及精神狀態的愉悅與否。

◎說明：化氣爲「忌」的陀羅星，當它坐落在財帛宮時，雖然有以上的特點，但個人雖有保守理財觀念，但往往先得後失、先有後無，或有得而漸耗的現象。「暗忌」也意味著：常將心思耗費在收入與支出的事務上，爲賺錢而勞碌、操心、煩惱、身心不得清閒，或有金錢周轉方面的難言之隱，有苦難言，或爲賺錢而付出的心力不成比例……

【落陷陀羅星入財帛宮】

代表著：個人在理財方面缺乏管理及運用的概念，往往在收入與支出之間難以拿捏平衡，導致有寅吃卯糧之患。或者爲賺取錢財付出與所得不成比例，經年累月的繁忙、勞碌身心，難得見其清閒。或爲錢財奔波、勞碌之外，偶爾會有周轉困難甚至可能有負債難以清償的現象。或在錢財的收支上雖然賺錢辛苦，唯在得財之時，爲支應日常所需，顯然有入不敷出的現象，導致財務收支有失衡的狀態。或者個人的經濟能力有限，在運用理財方面有難言之隱，易造成心理壓力，爲錢煩憂。或也能靠借貸度日，循環反覆的結果，難以擺脫生活的困境。或錢財的來源偶爾會有中斷的傾向，易陷入生活不繼的窘境。或者爲了賺錢身心頗受折磨，有如陀螺般的原地打轉，但在擁有

陀羅星 錢財時往往缺乏危機意識（儲蓄的觀念薄弱），在支配錢
財時不知節制⋯⋯

> 財帛宮中坐陀羅，得地財帛易流通，
> 理財有道且保守，善於盤算用心思，
> 唯易於財心勞累，難得忙裡來偷閒。
> 若有落陷陀羅坐，或見忌煞同宮臨，
> 或有對宮忌煞沖，於人財運有阻滯，
> 為財辛苦頗勞碌，得而復失難留守，
> 若能知己之行運，當得思量來對治，
> 一者得財宜保守，點點滴滴當積存，
> 二者獲財宜順勢，費盡心思總有限，
> 三者享用當適度，凡事惜福不浪費，
> 四者發心可濟施，宜量己力不強求，
> 五者理財可託付，或可對治財耗失，
> 六者當建立善緣，或有貴人來相助，
> 若能行於此六事，或可彌補己缺失，
> 人生行運本起伏，若能識知財帛運，
> 改變思維是關鍵，從此運勢便不同。

■陀羅星在疾厄宮（身體狀況）

【陀羅星入疾厄宮】（不分得地與落陷）

陀羅星的陰陽五行屬性爲「陰金」（註），陰者爲臟也，肺臟（肺經）則爲陀羅在疾厄宮的另一個代名詞，因此，個人的疾厄宮若有陀羅星坐落其中時，宜多注重肺部、呼吸道的保健。另外，陀羅星又有另一層的意味，陀羅爲陀螺，因此，在個人的身體健康上恐有隱疾或帶疾纏身，或者可能也有疾病拖延（延誤就醫）不易治癒的現象。或常爲生活勞碌，身心有受日常事務拖累的傾向，就像一顆轉動的陀羅一般，難以讓自己安定或清閒下來。或身體若有不適時，不易尋得治癒的管道，導致身體有「由實轉虛」的傾向，爲健康帶來困擾……

另一方面，疾厄宮的對宮爲父母宮，因此，個人的身體健康狀況，也可能來自父母的遺傳，所以，若欲改善這種健康狀態，則可以嘗試從改善與父母互動的關係做起，這樣做可產生良性效應，也是改善個人健康狀況的基本作法。

※五行歸類表：（依據陰陽應象大論篇選列）

金	天			地			人						
	方位	季節	氣候	五音	五色	五味	五臭	五臟	九竅	五體	五聲	五志	病變	病位
	西	秋	躁	宮	白	辛	腥	肺	鼻	皮毛	哭	憂	咳	肩背

西方生燥，燥生金，金生辛，辛作肺，

肺生皮毛，皮毛生腎，肺主鼻，其在天爲燥，

在地爲金，在體爲皮毛，在藏爲肺，在色爲白，

在音爲商(三)，在聲爲哭，在變動爲欬(四)，在竅爲鼻，

在味爲辛，在志爲憂，憂傷肺，喜勝(五)憂，

熱傷皮毛，寒勝熱，辛傷皮毛，苦勝辛。

◎註：

一、陀羅星屬陰金（爲肺部經絡），然而陰陽本須協調，
所以，陽金則屬於「腑」，由肺經上行爲呼吸道，下
行爲大腸，因此，要做好肺經的保健應當要注意臟腑
的協調，若肺經出現問題的話，則會連帶的影響這兩
個部位的器官。

二、以陰陽五行的平衡與相制的論點來看，金本生水，金
爲肺之屬，水爲腎之屬，金若失調之時，則可能影響
腎臟運作的某些功能（腎氣不足）。土本生金，土則
爲脾臟，當肺臟功能耗弱時，則易引起脾胃消化系統

的失調，如此，若不加以改善的話，則可能形成一個
負面效應（肺經與其他臟腑的關聯彼此環環相扣），
進而影響身體的運作機能。

三、「在音爲商」：古代五聲音階中的其中一個音級，尚
有「宮、角、徵、羽」四個音級，「宮音」相當於現
在的金屬樂器所發出來的樂音，因金屬樂器之屬性，
故也名爲「金樂」。金樂，顧名思意爲「金」，金有
陽金與陰金之別，「陰金之樂」入人之「肺經」。

四、「欬」：音讀愾，又讀咳，氣逆有聲，有咳之意。例
如「欬逆」：因咳嗽而氣上逆。

五、「勝」：有制之以平衡之意。

疾厄宮中坐陀羅，陀羅意謂如陀螺，
於身有疾易延誤，或者拖延難就醫，
或有隱疾難察覺，或身有疾難痊癒，
或爲生活頗奔波，勞碌身心難得閒，
若能知己之行運，當得思量來對治，
一者心性宜開朗，心思過度易傷身，
二者坐息當規律，日夜顚倒不可行，

陀羅星

三者肺經當保健，憂悲在身易傷肺，
四者凡事重信義，肺經主義魄則穩，
五者量力來濟施，宜重發心可綿延，
六者日行於一善，凡事有爲不計功，
七者心常存善念，愛生護生須智慧，
八者心常習靜慮，動靜止進心有主，
九者逆來宜順受，常觀己心無怨意，
若能行於此九事，思維轉識則成智，
縱使陀羅在疾厄，善於因應好對治。

■陀羅星在遷移宮（出外行運）

【得地陀羅星入遷移宮】

意味著：個人在出外的行運上，個性老成持重，心思細膩，具有積極向上的企圖心，在面對種種的考驗時頗有耐心及毅力去克服萬難，勇於朝向既定的目標前進。或也具備某項事務的專業能力，通常能成爲個中好手，充分展現其才智。或對事理分析與研判的能力佳，爲人不急居功也有不躁進的特性。或遇事時能條理分明，按部就班的循序因應。或也注重個人意志的展現，頗能肯定個人的能力與作法，自信度高能適應循環反覆的事務，且樂在其中。或在人際、公關、社交活動上善於周旋其中，廣結善緣

【落陷陀羅星入遷移宮】

代表著：個人在外的人際、公關、社交活動上易以自我為中心，過度展現個人的意志，往往忽略到周遭人的感受與看法，導致在人際的互動上易生僵滯，或初善終惡。或個性較為內向，缺乏主動、流暢性的因應方法，心性不易大而化之，有自我封閉的傾向，在人際往來之間不易建立善緣，或者有才華難顯及難受貴人提攜的憾事。或雖心思細膩，但易過度鑽研（輾轉反覆思量），往往有自尋煩惱的傾向。或在外運勢似有蹉跎、陀螺的現象（受折磨），人生行運往往缺乏有利助緣，偶爾會有僅差臨門一腳的憾事……

◎備註：

一、不管陀羅得地或落陷，其本身仍化氣為忌，「忌」有麻煩、阻礙、諸事不順、易生煩惱、先好後壞、初善終惡……等等的意味，因此，當陀羅坐落在個人的遷移宮時，宜應以廣寬的心胸，謙虛、客觀的心性來面對外在的人、事、物，則可能化解遷移行運阻滯的問題，也是超越個人宿命論的積極作法。

二、陀羅有自我為中心的意味，因此，凡事出門在外宜廣
　　結善緣，建立好的人脈，則有助於個人運勢的發展。

　　　遷移宮中坐陀羅，得地運勢非等閒，
　　　為人心性頗沉穩，剛毅果敢有擔當，
　　　周旋人際有作為，心思細膩能鑽研，
　　　凡事耐心有自信，縱使遇挫也不驚。
　　　若有陀羅落陷坐，或見陷煞忌同宮，
　　　或見陷煞忌來沖，於人行運有阻滯，
　　　於身有恙招刑傷，當得思量來對治，
　　　一者心性當開朗，樂觀以對精神爽，
　　　二者雖有企圖心，凡事欲行當適度，
　　　三者宜廣結善緣，對治孤僻之心性，
　　　四者宜近善知識，擇其善者從學之，
　　　五者身心當調理，若有失衡累身心，
　　　六者心量當寬廣，一切作為無怨尤，
　　　七者知進退之道，凡事不宜以強求，
　　　八者宜當積陰德，隨緣量力濟殘者，
　　　九者能以慈與人，因我而能得喜悅，㈠
　　　十者能以悲憫人，不忍施惡於他人，㈡
　　　若能行於此十事，當是此中智慧者。

◎註：

一、「慈」：能將善意與喜悅的能量散播給周遭的人，並
　　帶給他們快樂。

二、「悲」：以同理心來善待對方，並以實際的行動來幫
　　助他們，讓他們減除煩惱。

■陀羅星在僕役宮（交友狀態與同事關係）

【得地陀羅星入僕役宮】

　　意味著：在往來同事、朋友的人際互動上，不乏有個
性剛毅、果敢、重思考、有原則、心思細膩者，或者也有
文武兼備者，對方通常能以冷靜的態度來因應處理事務，
或也能感受到對方有著事緩則圓的特質，凡事能按部就
班，循序漸進，個性保守，自主性的能力佳，通常能奉獻
心力，盡於職守。或其自我肯定的能力強，對問題或挫折
的因應能以無比的耐心與毅力去克服困難，對周遭環境變
化的觀察力強，有其敏銳的心思，在因應方面有其個人的
見解與作法。或也指個人在人際往來中常有周旋反覆的頻
繁之象，在應對方面頗有勞碌身心的傾向……

◎備註：

103

　　化為暗忌的陀羅雖然在僕役宮出現得地的狀態，這也有另一層的意味，那就是：在個人的際遇過程中，不論所交往的朋友也好，或者是職場上的同事、伙伴，雖然有上述的特質，但因陀羅星有周旋反覆的勞累之象，因此，凡與這些同事、友人來往或相處時，通常不易改變對方的思維或觀念，或在往來的情分上，容易有先好後壞、初善終惡的過患。或對方的主觀意識較強，往往會忽略周遭友人的關懷與感受，所以，從僕役宮（人事狀態）的交友運勢來看，實在不易尋得知心好友，或難逢遇平輩貴人的相助（主要是因為初善終惡的關係）。

【落陷陀羅星入僕役宮】

　　代表著：在往來的朋友、同事、伙伴之間的互動，不乏有個性剛毅、果敢、博學之人，唯其在遇挫折與面對逆境之時，由於主觀意識的影響，不易從中突破困境，或有頻頻受創的感嘆。或對方的個性給人無關緊要的感覺，或凡事有慢慢來的心態（應事易拖延），因此，在其人生際遇中偶爾會有錯失良機或蹉跎的意味，或者往往缺乏有利的助緣，以及彼此互相關懷的照應。或對方個性較為被動，其為人有木訥的傾向，與其互動時往往缺乏流暢的感覺。或與其往來時往往付出不成比例，或有失立場的過

患，或有身心勞累的現象。或對方凡事顧慮較多，想得多，但往往付諸實現的有限，而有自尋煩惱的傾向。或對方的言行往往以自我為中心（剛愎自用），由於有著不服輸的個性，與其互動時令人頗有費力感，不易在生活的經驗中改變思維來因應個人的處境……

僕役宮中坐陀羅，得地其勢有作為，

其人才智秉性高，與其往來相關照，

博學多聞心細膩，應事有方具耐心。

若見陀羅落陷坐，或有陷煞忌同宮，

或見陷煞忌來沖，僕役行運有阻滯，

人事往來易失勢，當得思量來對治，

一者宜建立善緣，平輩貴人為僕役，

同事伙伴亦同論，與其往來須耐心。

二者善緣若建立，往來互動以誠信，

凡事隨緣來面對，攀緣過度易招損。

三者因勢來利導，導其心性向善地，

只因陀羅為暗忌，慎防初善會終惡。

四者謙虛以因應，愛語利他相勉勵，

五者立場不可失，熱心過度易招損，

若能如實行五事，僕役運勢當可轉，

人事往來助緣至，自此運勢便不同。

■陀羅星在官祿宮（事業狀況）

【得地陀羅星入官祿宮】

意味著：個人在事業上頗有積極的企圖心，且又具有細膩的心思，以及規劃、運作的能力，通常能爲其帶來實質的利益。或在其本身的職務上具有負責盡職的特色，能在其工作崗位上無怨尤的付出，博得衆人的認同。或能不厭其煩的勝任某些周旋反覆的事務，且能應對得體。或也能廣博的學習與事業（工作事務）相關的學識與技能，能不斷的自我激勵，提升個人的成長。或對於本身的事業具有專精的學問與技能，且能將其才智應用在實際工作上，樂在工作。或在職務上具有分析與策劃的能力，對於周遭的事物有敏銳的觀察力，冷靜與沉穩的態度，能爲其工作帶來實質的效益。至於在事業上也擅長從事於規劃、研究、教學、開發、創意、策略運用……等等，通常能在其專業上盡其所能的發揮。或擅長於周旋人際、公關，以及關於事業上的社交活動，有廣闊的人脈網路……

◎備註：

化氣爲暗忌的陀羅星，當它坐落在官祿宮時，雖有以

上諸多特點，但凡事總有一體兩面，因此，在投入工作的同時，宜應審慎留意自己的身體恐有過度付出（過勞）而造成身心勞累的現象。所以，如何調適個人的身心狀況來因應這方面是需要特別注意的。

【落陷陀羅星入官祿宮】

代表著：個人雖有事業的企圖心，但往往易以自我為中心而忽略環境的變化，致使開創的格局有限。或雖具規劃的心思，唯付諸執行的能力不足（想得多，做得有限）。或在面對職場的人際、公關、社交活動，偶爾有滯礙難行之處，往往缺乏有利助緣，致使事業有阻滯之象。或面對本身的工作往往有無力感，或難以持續工作的動能，有先盛後衰之象，心情難以開朗或悶悶不樂。或在職場上的人緣不佳，在人際互動上缺乏流暢感，以致人際善緣有限。或在本身的工作崗位上缺乏安定感，常有更換工作或工作中斷的可能，頗為事業操心及煩惱。或在工作上有誤判的可能性，造成重大疏失，帶給個人處理善後的困擾。或自我要求甚高，在工作上過度投入，偶爾會有過勞傾向，影響身心健康。或面對工作的壓力個人的挫折承受力欠佳，難以改變思維，突破困境，易將心事往內積壓，造成抑鬱傾向。或與工作伙伴的互動缺乏主動、積極性，

欠缺溝通與協調的能力，雖然能獨當一面，但易造成獨斷
獨行，而有孤立無援的現象……

官祿宮中坐陀羅，得地氣勢有作為，
文武兼備見旺勢，擅長人際與事務，
學有專精且投入，樂在工作守本分。
若有陷地陀羅坐，或有陷煞忌同宮，
或見陷煞忌來沖，如此行運有阻滯，
若欲扭轉此運勢，當得思量來對治，
一者心性當積極，自我激勵以因應，
二者多關照他人，人際善緣有助益，
三者能博採眾議，共同協商再決議，
四者個性當開朗，樂在工作有利益，
五者遇挫不灰心，視其考驗己心志，
六者宜廣博學習，才智發揮有效益，
七者凡事無怨尤，盡己之力為本分，
八者當注重己身，過勞易致身心累，
九者宜謙虛應事，傲慢不利己運勢，
十者事業與家庭，夫妻和合利事業，
若能行於此十事，何愁陷陀難對治，
阻力助力在認知，識透便是智慧人。

■陀羅星在田宅宮（居家狀態）

【得地陀羅星入田宅宮】

意味著：個人對居家生活的品質頗爲用心，能將心思花費在其中，並把住家打理得有條不紊。或對於居家的生活品味有個人的見解與作法，並將理念付諸行動。或在家中個人的心思細膩、敏銳，不易受到外在環境的影響而疏於家務。或者也喜居家生活能安住其中，甚至能將心思放在家庭上，且在家中，有自我成長的研究動機，專注於某項事物、嗜好、興趣或專業上，且能樂在其中。或在房地產方面雖能費心維持經營，唯頗有勞碌之象。或與家人的互動尙屬融洽，唯凡事較有個人的堅持與作法。甚至也可能常爲家務瑣事操勞煩心，往往忙得身心俱疲，難以清閒下來……

◎備註：

化氣爲忌的陀羅，當它坐落在田宅宮時，其居家狀態雖有上述的多項特質，但也易以自我爲中心，有過度凸顯個人主觀意識的傾向，因此，凡在居家時宜與家人和諧相處，唯有同心協力，默契一致，才能興隆家運，開朗的個性有助於紓解個人的壓力，並給家人帶來和樂的氣氛。

陀羅星

【落陷陀羅星入田宅宮】

　　代表著：個人對居家生活品質缺乏規劃及維護的心思，或疏於營造家庭和樂的氣氛，易受到外在環境的影響，導致在家的時間有限。或在家時不易將心情放鬆下來，心事內結，不易大而化之，給家人沉悶的感覺。或在家中個性較為木訥，與家人的互動，缺乏親情的流暢度，剛愎自用的結果易帶給家人困擾及煩憂。或在家中凡事構思得多，付諸於實現的卻有限，且會忽略家人的感受與建議。或擁有房地產的能力有限，若勉強擁有房地產時，將有負擔的煩惱（房貸壓力）。或與家人常有聚少離多的現象，導致出門在外難以顧及家人的起居生活，住處偶爾會有變動的現象，難有安定感。或與家人的親情薄弱、有距離感，與家人的互動往往缺乏理性溝通，以及婉轉的態度，甚至與家人在心靈上不易找到交集點……」

　　田宅宮中坐陀羅，得地氣勢蔭家人，
　　愛家有道頗用心，門庭一片氣象新，
　　若有陷地陀羅坐，或有陷煞忌同宮，
　　或見陷煞忌來沖，於人田宅運有滯，
　　唯今若能知己運，當思良方來對治，
　　一者居家重和樂，親情緣分應珍惜，

110

二者住家重整理，紊亂不堪家運滯，

三者置產須留意，宜量己力慎思維，

四者居家心性定，動靜權衡須以智，

五者個性當開朗，大而化之且和樂，

六者調柔己心性，剛愎自用不可行，

七者當愛護子女，田宅子女相會照，

若能行於此七事，陀羅哪能來為害，

化其阻力為助力，家運興隆轉機至。

■陀羅星在福德宮（福報、精神生活、潛意識、休閒）

【得地陀羅星入福德宮】

代表著：個人的精神層次，重視以思考、創意、推理、規劃、策略、鑽研枝……等等方面，不但具有敏銳的觀察力，且有自我學習的成長意願（博學多聞）。或個人的價值觀重視本身的決定與作法，有堅強的毅力及耐心，凡遇逆境時能以無比的信心突破萬難。或也注重自我表現，通常能肯定自己的作法（自信度過高，恐有重蹈覆轍的現象，無形中帶給個人困擾或煩惱）。或在休閒活動上有鑽研某項興趣、嗜好或專業領域的特質，並將大部分的時間投入其中，從中獲得成就感。或個人的思維細膩對於

某些事情的因應能周旋反覆，慢斯條理，不厭其煩，讓人覺得有事不關己的心態。或也表示著，個人具有無比的耐心與定力，能將心思投入在某些特定的事物上，且樂在其中。或在個人的福報上雖然欲得錢財頗爲勞碌身心，但在擁有之時，不善於對錢財做適當的管理與運用，導致錢財在耗盡時，易造成個人心理壓力，偶有爲錢所苦的難言之隱（這是因爲化暗忌的陀羅星會沖入到對宮的財帛宮，造成某些程度上的影響，致使個人有得財難守的現象）。或個人在心靈成長及提升雖有研究、鑽研、探索、投入的意味，但易傾向於自我封閉，陀羅的自我中心往往有自以爲是的錯覺，也因此不易擺脫既有的束縛（得地或落陷的陀羅，均有類似現象，只是其顯現的程度有強弱的區別而已）……

◎備註：化氣爲忌的陀羅星，當它坐落在福德宮時，陀羅有陀螺的意味，因此，在個人的精神領域裡宜適度的放鬆身心來紓解個人的壓力，否則會因以自我中心的意識型態，而有自尋煩惱的傾向。

【落陷陀羅星入福德宮】

　　代表著：個人的精神狀態有剪不斷、理還亂的傾向，

陀
羅
星

112

常面臨周旋反覆的困擾或煩惱。或個人缺乏休閒規劃的心思，往往易為日常瑣事操勞或煩惱。或注重個人的想法，但缺乏付諸實現的動力（想得多，做得卻有限）。或個人的精神狀態常為瑣事煩擾，而不易定下心來，往往易為外界事務影響本身的心境。或個人較以自我為中心（有木訥的傾向），往往缺乏人際方面的善緣，易錯失有利助緣。或凡遇到挫折與逆境時易萌生退卻的念頭，或以消極的心態面對。或個人運勢有未濟之象，不易從經驗當中學到因應的智慧（自以為是的個性，容易有招咎的過失）。或也缺乏對於錢財運用的概念，易將得來不易的錢財輕易的耗盡（這是因為落陷的陀羅星會沖入對宮「財帛宮」的關係，兩個宮位有互為影響的因果關係）。或個人的心情不易開朗或大而化之，往往易將心事往內積壓，導致有鬱悶的傾向……

> 福德宮中坐陀羅，得地陀羅心性定，
> 思路敏捷擅鑽研，博學多聞有特色，
> 若有落陷陀羅坐，或有陷煞忌同宮，
> 或見陷煞忌來沖，於人福德尚不足，
> 若能知己之行運，當思良方來對治，
> 一者平日宜惜福，多植福田利有緣，

113

陀
羅
星

二者心性宜樂觀，放鬆心情有助益，

三者當止則須止，耗費心思易傷神，

四者客觀以應事，自我爲是易招咎，

五者宜廣結善緣，或有貴人來相助，

六者心性當習定，雜亂心思宜收斂，

七者凡事宜積極，若遇挫折當自勵，

八者得財當須守，寅吃卯糧追悔遲，

九者心靈當成長，薰習日久轉宿命，

十者隨緣能佈施，隨緣量力在發心，

若能如此行十事，福德行運會改變，

若論如何轉宿命，關鍵是在於思維。

■陀羅星在父母宮

【得地陀羅星入父母宮】（父母其中一方）

意味著：父母之其中一方，其人心性穩定，有擅長思考與規劃的特質，對子女關懷備至與期待甚高，也祈望子女能有獨立自主的能力。或其對學問的領悟力強，具有淵博的學識，自我要求甚高，凡事有原則，且能以身作則，有其處事的堅持與作法，心思細膩，對事物的觀察力敏銳，對家庭頗能盡其心力付出，唯易受到繁雜瑣事的影響，難以讓自己清閒下來⋯⋯

◎備註：

　　父母宮坐陀羅星，因其化氣爲忌，所以，子女與其父母互動時往往缺乏一份流暢、溫馨的感覺，這是因爲父母的個性，較有肅穆感，或令人覺得有威嚴感，不易主動與子女打成一片（雖然父母心地善良，但缺乏積極關愛的主動性），因此，當子女欲與其互動時，往往有卻步的現象。這是因爲對方的主觀意識較強，難以傾聽子女的心聲或想法，像這種人格特質的人，若欲改變其思維與作風的話，則身爲子女者更須以孝心、愛心、耐心漸漸的來影響父母親。

【落陷陀羅星入父母宮】（父母其中一方）

　　代表著：個人與父母的互動缺乏婉轉的態度與融洽的氣氛，易因個人的理念及作法與其難有共識或默契，以致心靈有越離越遠的傾向。或父母親的人生際遇有運勢晦滯的傾向，導致欲振興家運頗有勞碌身心之感。或父母個性較爲沉悶，不易與子女打成一片，讓子女有望之卻步的感覺。或其雖然心思細膩，但往往想得多，做得卻有限，與現實狀態有差距。或易以其個人的認知、價值觀取向來引導子女，讓子女覺得頗有壓力感。或其在家心情不易開朗（木訥），易將本身壓力往內積壓，凡事不易大而化之，

導致鬱悶在心或難見其心情開朗。或父母缺乏樂觀的心性，久而久之與子女的親情互動缺乏活潑感，似有日漸疏離的現象。或與父母的理念偶爾會有相違之處，而父母親也不易理解子女的理念與作法，彼此缺乏良性溝通的磁場。或與父母互動時，往往爲日常瑣事周旋，且有循環反覆的困擾（常與家人爲了同樣的事情，彼此之間的理念不易達成共識，或者偶爾會有違和之處）……

> 父母宮中坐陀羅，爲人細心帶剛毅，
> 愛家有道費心思，蔭及家人有主見，
> 若有陷地陀羅坐，或有陷煞忌同宮，
> 或見陷煞忌來沖，父母運中有阻滯，
> 父母宮中之運勢，等同長官貴人運，
> 運中勢旺則順暢，若見忌煞運晦滯，
> 唯今若能知己運，當得思量來對治，
> 一者天下父母心，當須善解其苦心，
> 二者孝者順爲先，子女當報父母恩，
> 三者須調己心性，親子互動會改善，
> 四者關懷與愛語，一家和樂家運興，
> 五者奉養當盡心，爲人子女應如是，
> 若能如實行五事，處處皆有貴緣至。

不香

火星

　　在《封神演義》中，以「哪吒」來代表「紫微斗數」六煞星中的「火星」，那可是適得其所了。依據《封神演義》的記載，「哪吒」乃為商紂王朝時，鎮守陳塘關總兵李靖之子。李靖在修道之時，曾拜西崑崙度厄真人為師，只因仙道難成，只好下山謀總兵一職，其夫人殷氏，生有兩子，長子金吒，次子木吒，過沒幾年的時間，夫人又懷身孕，但懷胎卻歷經三年六個月，仍未見生產的訊息，顯然是異常的現象，李靖心想：「莫非是個怪胎，還是個禍害。」夫人也是為此煩惱，不知如何是好。

　　就在那天夜裡，夫人在夢中，見到一位道人進入廂房，心想：「這位道人，為何擅自進入內室呢？」道人把一顆珠子往夫人懷中一送，只說：「夫人快接麟兒！」夫人猛然驚醒，向李靖說出夢中之事，不料，話還沒說完，夫人覺得腹中疼痛，李靖只好退出內房，不一會兒，侍女急忙來回報說：「夫人生了個怪物。」李靖連忙進入廂房一看，但見一團紅光，滿屋異香，原來生出個肉球，軟溜

溜的滾來滾去。李靖見此情景，嚇了一跳，不由自主的拔起腰間配劍砍去，誰知肉球中竟蹦出一個白白胖胖的小男孩來。這位投胎的小男孩，本是靈珠子轉世，但見他的右手套著一個金鐲，肚上繫著一條紅綾，這金鐲與混天綾乃為乾元山的鎮洞之寶。李靖見小孩一出生，便能滿地跑，於心不忍，便抱起來，又喜又憂。

次日，有乾元山金光洞的太乙真人求見，道人說：「聽說將軍生了個公子，特來道賀，可否見見貴公子呢？」道人一見小男孩，便問李靖：「小孩取名了嗎？」李靖說：「尚未取名」。道人說：「貧道來給他取個名字，給貧道當徒弟，如何？」道人便將李靖三子取名為「哪吒」。

據《封神演義》記載，哪吒兒時，即能拉開軒轅黃帝所留的乾坤弓與震天箭，一箭射中石磯娘娘的採藥童子，因此惹來無端之禍。七歲時，因在陳塘關的的東海口戲水，驚動東海龍王的龍宮，巡海夜叉及龍王三太子敖丙，為制止其行為，均被哪吒取了性命，因此緣由，激怒了四海龍王，遂向玉帝告御狀，逼迫其父李靖交出哪吒，予以償命，以解其心頭之恨。說起來，哪吒倒也是個孝子，一人做事一人當，遂負荊向父請罪，以「刻骨還父」的方

式，報答其養育之恩……。

　　話說哪吒的魂魄無所依託，飄飄然的來到乾元山，被其師父太乙真人招進洞府……，真人喚來金霞童兒：「去五蓮池中，摘兩朵蓮花、三片荷葉來。」童兒取來後，真人將花瓣摘下來，舖成三才，把荷葉折成三百骨節，三片荷葉按上、中、下，分天、地、人，把一粒金丹放在正中央，法用先天，氣運九轉，分離龍、兌虎（易卦名詞），抓住哪吒的魂魄，往上面一推，喝令一聲：「哪吒不成人形，更待何時？」忽然間，傳來一聲巨響，蓮花化身的哪吒跳起來，只見他身高一丈，面如薄粉，唇若塗朱，眼運神光，向師父太乙真人拜倒在地。

　　哪吒雖與其父有過一段「放火燒哪吒廟」的恩怨，但最終為燃燈道人所化解，況且李靖二子，均投靠在武王麾下，李靖自知，總兵之職立場有失，遂辭其職，暫時回山，以待因緣成熟之時，再與三位兒子一起為伐紂事業奉獻心力。

　　哪吒在武王伐紂期間擔任先鋒官，與三眼楊戩（擎羊星）、黃天化（陀羅星）、雷震子（鈴星）並肩作戰，屢建奇功，其出奇制勝之因，在於擅長戰略的變化與出其不

意，以及具巧思的戰術，尤其臨場的威武與勇氣，直逼對方巢穴，令敵方聞風喪膽，可謂是武王的得力戰將。在武王伐紂成功，大軍進入朝歌城（商紂王朝的首都），周武王欲冊封其功勳，卻為其婉拒，內心豁然的回到乾元山（金光洞太乙真人）繼續修鍊。可見哪吒對於世俗的功名利祿是不在意的（李靖與其三位兒子，都各自回山修鍊）。

「火星」是一顆具有強大戰鬥力的星座，火星也意味著具有持續的動能，源源不絕，因此，若以「火星」與「太陽星」兩者的能量相比較，太陽星的熱能受到日出、日落的影響，容易有先勤後惰的現象，而火星則維持著其持續的動能，絲毫不減。

每個人的生命歷程中，需要有積極的能量去推動人生的目標及理想，因此，火星的動機、企圖心、持續力，一遇挫折，反能激發潛在的能量、後續的動能、向善的心念、慈悲的行為、利己利人的作為……等等，成為展現個人生命舞台的支柱（在每個人命盤上的三方四正中——命、財、官、遷四個宮位，均有會到六煞星的可能）。

每個來到這世間的人，

火星

都有其生命歷練的過程，

都有其應該學習的功課，

從挫折中，學到面對的勇氣，

從際遇中，學到因應的技巧與智慧的成長，

從轉化的過程中，學到愛與慈悲，

將生命的意義，化成了利己利人的行動。

　　個人命盤上的三方四正中，若無六煞星會入者，這可能意味著：在個人的生命歷程中具有較為順遂的運勢，但往往易將福報花費在個人身上，或缺乏人生深刻的體驗，以及對於挫折的適應力，若遇不利流年來臨時，往往有不知所措，以及難於因應的窘境，這也許會為其帶來先順後逆的困擾。所以說：「沒有必要去排斥六煞星在你命盤上的三方四正組合（備註），只要能了解個人命格的優、缺點時，生命即擁有改善的空間，那麼轉化阻力為助力，也是可以期待的事，其應用的關鍵在於我們是否能夠調整自己的思維模式來因應錯綜複雜的生命旅程，如果你能掌握到其中要點的話，斗數的命盤就不再對你造成束縛了。」

◎備註：

　　所謂的三方四正主要是指個人命盤上的四個宮位，分

別是：命宮、財帛宮、官祿宮、遷移宮，在這四個宮位中若有落陷的四煞星——擎羊、陀羅、火星、鈴星，以及地空星、地劫星坐落在這些宮位時，往往對本身的際遇帶有考驗的意味，也易激發個人產生起積極突破的動力。反之，則也可能令人萌生消極心態，兩者的界限與關鍵仍在於個人的思維，以及因應的態度而定。因此，考驗也意味著：能夠激勵個人的意志力，與在歷練的過程中增長個人的能力與智慧。所以，當落陷的六煞星坐落在個人命盤上的三方四正時，其實它們具有激發生命潛能的意含，也有引導個人在這方面領悟的暗示意義。

※羊、陀、火、鈴：具有激發個人的生命潛能，以及面對挫折的適應能力，並從中學習因應與領悟的智慧。

※地劫星：具有破壞錢財，引導個人能夠脫俗，進而領悟生存的道理。

※地空星：具有破壞感情，引導個人朝向精神層面的提升，進而領悟心靈成長的道理。

　　凡火星坐命宮的人，其命宮位置均有可能坐落在十二宮位的任何一個宮位，讀者可檢視其坐落宮位，星性曜度的狀態來分析其所呈現的現象，進一步予以因應。（參照

書後所附之星性曜度對照表）

　　以下我們將依據「火星」——居於【得地】或【落陷】宮位的兩種論述結構，來詳析「火星」在「紫微斗數」十二宮中的個別特性分析，祈使讀者能在本書中對火星的認知有一番新的見解。（註：廟、旺、利、得、平的星性曜度，在本書中通稱爲「得地」）

星名	五行	化氣	司　　　　主
火星	陽火	殺	創意、巧思、變化性、能言、辯思善巧、宗教、慈悲、孝心、能捨、耿直、正義、勇敢、爆發力、持續力、恆心、毅力、堅強、磨練、挑戰、刑傷。

■得地火星入命宮

一、爲人心直無曲，個性耿直，心慈善良，爲人熱心，有
　　樂於助人的好心腸。

二、心思活絡，巧思、創意佳，對事情的因應有其獨道的
　　見解與作法。

三、誠信應事，言行正直，有直言不諱的特質。

四、交友廣闊，爲人講義氣，行事風格獨特，頗有豪俠的

特徵，自我肯定的能力強，不降格以求，或者隨意攀緣附會。

五、應對事情的處理方式喜簡明、乾脆、講求效率，不喜拖泥帶水。

六、對事理的認知是非與恩怨分明，通常不為權威動搖其心志或操守。

七、為人忠誠，盡於職守，能將心力充分的投入其中，樂在工作，無怨無悔。

八、對人生目標的規劃及理想具有積極的企圖心，且能付諸實際行動，不懼艱難。

九、為人坦率，心胸寬廣，有照顧他人的雅量，有利同霑，有福同享。

十、有接觸宗教的傾向，或與宗教有甚深的因緣，能將心力投入其中。

十一、處事有自己的見解與作法，也能勇於承擔後果。

十二、對所專注的事物能執著其事，不生厭倦。

十三、具有勇於開創以及面對變局的革新能力，通常能打
　　　破常規以因應局勢需求。

十四、面對挫折與困境時，有自我調適身心的能力，百折
　　　不撓，不爲逆境所折服。

十五、具有談判、溝通，以及善巧說明、辯解、談判、說
　　　服的能力，通常能散發正面的能量來影響周遭的
　　　人。

十六、對於學問的追求具有積極的上進心，通常有博學多
　　　聞的傾向。

十七、對周遭事物的觀察力強，雖有細膩的心思卻也能大
　　　而化之，隨緣應對。

十八、有嫉惡如仇的豪氣，通常能發揮正義感，付諸於行
　　　動，影響他人。

◎備註：

一、當火星坐落在命宮時，雖有以上的諸多特質，但因火
　　星化氣爲「殺」，往往有過剛之咎，或注重自我意識
　　的伸張，也因此其果敢與衝刺的特質（易忽略周遭人
　　的感受與建議）在其人生際遇的過程中，易感召過咎

及刑傷之患，可從兩方面來說明：

一、人際與際遇方面

◎就人際面來說：在人際互動之間，易生初善終惡的過患。

◎就際遇面來說：有先得後失，或者初成漸敗的過患。

二、就刑傷方面

◎火星的能量具有爆發力，因此，凡火星坐命之人，雖有上述的諸項特質，但畢竟心性也有過剛與急躁之患（脾氣易發易收），在應對事情時易因直率個性而有躁進的過咎，此點不可不慎。

◎火星具有勇於挑戰以及衝動的特質，其活動力、爆發力強，因此，從童年時期起，易因好動的緣故而有感召身體刑傷的過患。

■落陷火星入命宮

一、個性急躁，遇事易慌張，往往拿不定主意，卻又冒險躁進。

127

二、心性易浮動,生性好動(有叛逆性),喜好在外的活動,難得讓自己清閒下來。

三、喜好交友,人脈廣闊,但有交友不慎的過患。

四、雖講義氣,頗有豪俠的特徵,但個人的心思易偏離常規。

五、個性陽剛,情緒雖發難制,往往會忽略周遭人的感受與建議。

六、對環境變化的適應力雖強,唯心性不定,易受環境誘惑而改變個人心志。

七、雖有嫉惡如仇的個性,但易將怨氣往內積壓,給自己帶來壓力。

八、雖有應變的巧思與創意,但在因應的過程中易產生剛愎自用的過失。

九、個性果敢、勇猛、剛毅、不畏艱難,具有衝刺與突破的動力,但恐有評估錯誤的過失,也易因魯莽行事而導致身體刑傷之患。

十、人生際遇的過程中有難逢貴人,懷才不遇,才華難顯

的憾事。

十一、個性雖坦率，喜廣交友人，但往往付出不成比例，
　　　或爲損友所傷。

十二、個性衝動易怒，在人生際遇中難逢知己，或缺乏親
　　　近善知識的因緣。

十三、在個人行運上易因善緣的不足，而有先得後失、初
　　　成終敗、先好後壞、初善終惡的現象。

十四、與宗敎有甚深的因緣，但易因主觀意識的影響（對
　　　宗敎缺乏正確的見解）而錯失心靈修持的機緣。

※火星入限吉凶訣：

　　　火星得地運限逢，喜氣盈門百事通，
　　　仕宦逢之皆發福，常人得此財豐隆。
　　　火星陷地最乖張，無事官災鬧一場，
　　　剋害六親總難免，破財艱苦免災殃。

※火星坐落宮位曜度歌訣：

　　　寅午戌位吉利多，申子辰位陷災咎，
　　　巳酉丑位得地吉，亥卯未宮同吉論。

※火星，可能坐落命宮的宮位結構圖解：

圖一　火星可能入命宮圖解

巳	午	未	申
火星	火星	火星	火星
火星（辰）			火星（酉）
火星（卯）			火星（戌）
火星（寅）	火星（丑）	火星（子）	火星（亥）

圖二　火星坐落命宮曜度的基本結構

巳	午	未	申
火星+2	火星+4	火星+1	火星-2
火星-2（辰）			火星+2（酉）
火星+1（卯）			火星+4（戌）
火星+4（寅）	火星+2（丑）	火星-2（子）	火星+1（亥）

■火星入命宮綜論

火星本身是一顆具足動能的星座，得地的火星更能凸顯個人特色，個性慈悲，具有熱誠助人、坦率、處事喜簡明、乾脆⋯⋯（如上所述），使得個人的才華出眾，或為眾人注目的焦點，也有著博學多聞與好學的特徵，因此，得地的火星可以說是一顆極具積極與正面性的星座。然而，若有落陷的火星坐落在個人命宮時，雖然有以上諸多的說明之外，應朝著自我改善的方向前進，慎勿受到宿命論的影響而任其左右你的人生。一味相信宿命論而不思於突破的人，主要是對本身缺乏正確的認知，以及勇於突破

的動力，他願意臣服在宿命的國度裡。

　　從另一個角度來看火星的特質，其實它也是一顆善於因應環境變化的星座，因此，我們可以說：火星坐命之人，不管命宮坐落在得地或落陷的宮位，他（她）的可塑性是極高的，甚至有爆發性的能量，然而，我們這裡所指的是「思想領悟的爆發力」，簡單的說：凡火星坐命之人，其思維領域活絡，具有廣泛的空間，只要能掌握到這項特質的話，即使是命坐火星落陷的人（或大限、流年會到），在其生命際遇的過程中是有著蠻大的變數（改善空間），其關鍵點在於個人思維領域的突破與否。因此，火星也意味著：具有思想領悟的特質，它與個人的思維模式有著密不可分的重要性。

■火星入命宮的生命機轉

　　火星化其氣為「殺」，「殺」者則有過度衝動的意味，因此，凡命坐火星之人，不論得地或落陷，其一生的歷程中則較難避免刑傷之患，其主要原因在於：個人內在意識缺乏調伏習性的能力。若能知道個人的缺失，並能以極大的勇氣與毅力來突破負面的習性時，生命即擁有了改善的空間。也因此，加上平日的隨緣佈施或量己力來濟利

他人，尤其在重殘機構、弱智團體是濟施的重點，或者也可衡量個人的身體狀況適時捐血，也是另類的佈施，從「心的領悟」與「力行佈施」兩方面並進，不但增進個人的心靈成長，也可以此植福積德的方式來對治身體上的刑傷之患。

至於每日一善也是一個不錯的行善方式，比如：每日捐一張發票。或隨緣幫助人而不求回報。或當一日志工。或隨緣放生、護生，不傷害無辜的生命。或對人說一句好話（愛語、順語），使其心生歡喜。不論個人修持也好，或者參加心靈成長的課程（宗教、心理、哲學……等），皆能引導個人生命進入向善的境地。諸多的建議在此是不勝枚舉的，端視讀者的創意與思維，並從中延伸，相關的見解。

> 得地火星坐命宮，生性積極秉性高，
> 內柔外剛且慈善，心靈修持有其方，
> 應事巧思重效率，創意革新有作為，
> 誠信重義善緣佳，能言善道立威嚴，
> 博學多聞顯智慧，才華出眾令人誇，
> 不懼艱難有毅力，一生際遇頗出奇。

陷地火星坐命宮，人生運勢如行舟，

尅害自己不須説，親情緣分少具足，

人際往來易阻滯，或易見初善終惡，

際遇之中善緣少，或有勞碌且奔波，

若能知己之行運，當思良方來對治，

一者心性守正道，凡有所行循常軌，

二者心性不急躁，急中有失易招咎，

三者交友當以智，失於覺察有損失，

四者表達以愛語，語帶殺氣反傷己，

五者惜福不浪費，福若耗盡苦則至，

六者宜能行佈施，隨緣隨分濟利人，

七者心性當習定，靜慮或可治習氣，

八者心靈當成長，思想領悟可突破，

九者時常省自身，有過善補免災咎，

若能如實行九事，陷地火星不為害，

轉化阻力為助力，自此運勢便不同。

■火星在兄弟宮（往來密切的朋友）

【得地火星入兄弟宮】

意味著：在兄弟姐妹之間，不乏有心善坦率，為人重誠信，有豪氣的特徵，活動力強，以及擁有活潑個性者，

133

與手足之間的互動頗能顧及彼此情分，並以實際的行動去幫助他們。或與手足之間的互動雖有疏離感，但不失其友愛的情分，在手足需要協助或患難之際能全心投入協助他們，無怨無悔。或其個性耿直，心直口快，但不失其善良的心性。或喜廣交友人，對朋友頗具熱忱，通常會花費較多時間在這方面……

◎備註：化氣為「殺」的火星，當它坐落在命盤的兄弟宮時，雖然有著上述多項正面特質，但因火星的殺氣，使其個人的行事作風有殊異之處，不易為周遭人所理解或認同。也因此易在手足之間形成疏離感（先親後疏），但仍不失火星本身的善良特質，唯其內心似乎有難言之隱的傾向。

【落陷火星入兄弟宮】

代表著：在手足之間有生性活潑、好動、剛直、果敢、心直口快、遇事易慌張之人，與手足之間的互動缺乏柔性與流暢的氣氛，往往過度注重個人的見解與作法，卻忽略家人的感受與建議，導致偶爾會有違和之處。或與其互動時理念不易契合，甚至有心意難以通達之處，導致手足之情有日見疏離的傾向。或者對方的心性好動，易受外界事物影響而改變其志向。或見其終日在外，雖喜廣交朋

友，但易爲損友所傷，缺乏識人之智。或其浮躁、衝動的
個性易爲其感召刑傷之患，導致有傷痕累累的過失……

> 兄弟宮中火星坐，得地氣勢有擔當，
> 爲人耿直有豪氣，心善言直爲手足。
> 火星化其氣爲殺，不論得地或落陷，
> 其人心性帶剛毅，與其互動不容易，
> 若有陷地火星坐，或有陷煞忌同宮，
> 或見陷煞忌對沖，於人兄弟運有滯，
> 知解運勢宜對治，只因對宮爲僕役，
> 善於改善手足情，自有平輩貴人至，
> 一者循循來善誘。二者對其有耐心。
> 三者以身來作則。四者慈心來應對。
> 五者導其心性穩，凡事若行循正道。
> 六者互動勿對立，順其心性來導引。
> 七者同心興家運，團結其利可斷金。
> 若能如實行七事，手足情緣自殊勝，
> 人生處處逢善緣，何愁陷煞來危害。

■火星在夫妻宮

【得地火星入夫妻宮】

　　意味著：伴侶是位心地善良、耿直、思路敏捷、遇事果敢以對、能言善道者，具有直言不諱的特質，性情豪放、有樂於助人的好心腸，唯剛毅的個性，注重個人的見解與作法，處事雖喜簡明、乾脆、明快，但易忽略對方的感受，導致兩性之間缺乏柔情與良好的氣氛。或者伴侶心善言直，但在兩性的溝通互動上缺乏婉轉以及令人愉悅的感受，往往有直言之失……

◎備註：

　　當化氣為殺的火星坐落在此宮位時，不論得地或落陷，凡事當以柔軟語、愛語、順語來對治本身衝動、直言的缺失，如此的話，家運則可綿延興隆。或許這門功課便是彼此互相勉勵的目標，雖然不容易做到，但只要你知道訣竅的所在，你便能輕鬆面對。

【落陷火星入夫妻宮】

　　代表著：伴侶個性較為好動，常為日常生活奔波勞碌，難得見其清閒下來。或其心性較為浮躁，遇事易慌亂，應對事情往往有急躁之失。或與對方的互動缺乏一份柔情，以及兩性之間美好氣氛的建立，導致彼此感情有日見疏離的傾向。或伴侶的主觀意識較強，在執行其理念與作法的同時，容易忽略對方的感受與建議，導致有剛愎自

用的過患。或伴侶性急、衝動，往往有急言之過，僵滯的
氣氛難令夫妻默契相通，以及彼此的心靈不易找到交集點
……

夫妻宮中坐火星，得地其人性耿直，
心善豪氣樂助人，夫妻同心事業興，
只因對宮為官祿，兩者互有因果牽，
心性調柔及愛語，家運興隆自綿延。
若有陷煞忌同坐，或見陷煞忌對沖，
夫妻行運有阻滯，波及事業經營運，
若能知解己運勢，當得思量來對治，
一者以身來作則，二者學習能包容，
三者導其心性穩，勿受外境遷其志，
四者善用以激勵，導其所行循常理，
五者互動以愛語，愛家有道家運興，
若能行於此五事，個人事業轉機至，
夫妻事業乃一體，彼此提攜默契合，
夫妻同心利斷金，同心之言臭如蘭，
一旦知解又能行，自此運勢便不同。

■火星在子女宮

137

【得地火星入子女宮】

意味著：在子女中有性急、耿直、見義勇爲、活動力強，好勝、果敢、不屈服強權、直言不諱者，因此，在其人生成長的過程中，身體易感召刑傷之患。或與父母之間的互動雖有距離感，但不失孝敬與關愛的心意，能適時的爲父母盡其心力，無怨無悔。或與子女的互動，在理念與作法上雖有不同的見解，但子女的獨立性強，自我肯定的能力佳，執行的效率高，通常不易改變其個人的思維與價值觀。或子女的個性活潑，人緣佳、思路敏捷、有創意，在其生活圈中容易成爲別人注目的焦點，況且熱心腸又樂於助人，以及打抱不平的豪氣……

【落陷火星入子女宮】

代表著：子女中有性急口快、遇事易急躁、慌亂，或其心性不定者，由於其活潑、好動的個性，在人生（童年）成長的過程中，易招至身體刑傷之患，令父母憂心，或者凡事易粗心大意，導致有莽撞的過患。或其個性好強、好勝，不容易從挫折中去突破困境，而有不服輸的人格特質。或其喜好交友，但往往缺乏識人之智，而有付出不成比例的現象。或其心性不易開朗，凡遇挫折之時易生消極心態，導致有鬱悶在心的傾向。或子女本身情緒管理

能力不佳，與其互動時往往有心意難通，或者有默契難達的傾向，因此，在親子互動之間似有先親後疏的現象……

> 子女宮中坐火星，得地其人有豪氣，
> 生性活潑且積極，爲人耿直不虛僞，
> 愛家付出有其道，無怨無悔有作爲。
> 若有陷煞忌同坐，或見陷煞忌對沖，
> 親子互動易阻滯，當思良方來對治，
> 一者先以身作則，二者循循來善誘，
> 三者導其向善地，願其常懷慈悲心，
> 四者激勵其心志，凡有所行循常理，
> 五者導其近善友，善緣有助其運勢，
> 六者親子重溝通，柔語互動漸薰習，
> 七者同心則相應，一家和協家運興，
> 若能行於此七事，親情緣分則更親，
> 天下父母愛子心，知於此者不爲難。

■火星在財帛宮

【得地火星入財帛宮】

意味著：個人在理財方面具有旺盛的企圖心，通常有急欲求財的傾向，在錢財運用上，決斷力強，有流通頻繁

的傾向，通常有橫發（橫失）的現象。或雖擁有快速的理財觀，但往往缺乏保守的能力，得財之時易於揮霍，或有漸漸耗損的過患。或者易受衝動心理的影響，有花錢大方、不知節制的傾向。或者獲財辛苦，卻因豁達的個性而有得而難守的缺失……

◎備註：

　　化氣為「殺」的火星，當它坐落在此宮位時，雖然有上述的種種特質，但個人在財務方面宜應保守（在錢財方面的福報有限），凡事適可而止，或者見好就收，否則恐易導致先得後失、先好後壞、先甘後苦的憾事。因為財帛宮的對宮為「福德宮」，當火星的氣勢沖入福德宮時，易造成個人的心性穩定度不足（福德宮代表：個人的福報多寡以及精神層次方面），缺乏保守的態度。因此，為防範在財務方面有先得後失的現象，平日可量力而為，隨緣隨分以佈施來濟利他人，不但可種植本身的福田，又能增長利他的善行，能如此行之，可謂是能知解，超越宿命的智者。

【落陷火星入財帛宮】

　　代表著：個人在獲財的能力上缺乏積極且正面的企圖

心，因此，在賺取錢財的事業上頗有受挫感，不易突破個人的思維來因應所面臨的困境。或缺乏財務規劃與運用的心思，易將辛苦賺來的錢財輕易的耗盡。或者也有視錢財如過路財神的傾向，易受衝動心理的影響，導致對錢財的收支缺乏保守的態度。或也缺乏儲蓄的習慣（危機意識薄弱），常為缺錢所苦，或借貸度日（負債）。或生活清苦，往往有寅吃卯糧之患……

財帛宮中坐火星，得地氣勢有企圖，
財入財出能流通，或有獲財橫發時，
得時若能以保守，行濟利事福又增。
若有陷地火星坐，或見陷煞忌來沖，
於人財運有阻滯，當得思量來對治，
一者其因在福德，兩宮互有因緣果，
若能平日植福田，隨緣隨分來濟施，
凡事宜重在發心，多寡不拘勿執著，
無怨無悔來付出，為善如同人植樹，
雖不見其瞬間增，卻能見其日日長，
又如滴水欲穿石，終有見其成功時，
二者凡事宜惜福，畢竟獲財不容易，
三者心勿受物誘，趨之將有耗失時，

四者獲財循常道，偏頗有損己福田，

五者當安忍困境，改變思維以突破，

六者有危機意識，愼勿寅時吃卯糧，

若能思以行六事，困境之中不爲害，

人生逆境誰人無，端視如何去因應，

運勢消長有其道，知解此者智慧人。

■火星在疾厄宮

【得地火星入疾厄宮】

　　火星的陰陽五行屬性爲「陽火」，「陽」者爲「腑」，「陰」者爲「臟」，臟腑兩者，有君臣之意，心臟爲臟，小腸爲腑，臟腑之間互爲相依，此兩者在「紫微斗數」的疾厄宮論理中，通常把它歸爲「心臟或血液循環系統」。因此，火星坐疾厄宮者意味著：個人的心臟、血液循環，以及小腸的運作功能，平日得注重養生之道，免得造成身體的負擔或障礙。尤其，在每日上午十一點至下午三點之間，人體的十二經絡與時辰的關係剛好運行到「心臟、小腸」，我們可依此時辰的運行規律來檢視個人的身體狀況。

※五行歸類表：（依據陰陽應象大論篇選列）

火	天			地				人						
	方位	季節	氣候	五音	五色	五味	五臭	五臟	九竅	五體	五聲	五志	病變	病位
	南	夏	熱	徵	紅	苦	焦	心	舌	脈	笑	喜	憂	胸脇

火星

※時辰與十二經絡對應位置：

酉時 17:00 19:00 腎	午時 11:00 13:00 心	卯時 05:00 07:00 大腸	子時 23:00 01:00 膽
戌時 19:00 21:00 心包	未時 13:00 15:00 小腸	辰時 07:00 09:00 胃	丑時 01:00 03:00 肝
亥時 21:00 23:00 三焦	申時 15:00 17:00 膀胱	巳時 09:00 11:00 脾	寅時 03:00 05:00 肺

南方生熱，熱生火，火生苦，苦生心，心生血，

血生脾，心主舌，其在天爲熱，在地爲火，在體爲脈，

在藏爲心，在色爲赤，在音爲徵(一)，在聲爲笑，在變動爲憂，

在竅爲舌，在味爲苦，在志爲喜，喜傷心，恐勝(二)喜，

熱傷氣，寒勝(二)熱，苦傷氣，鹹勝(二)苦。

◎備註：

143

一、在音為「徵」：古代五聲音階的其中一個音級，尚有「宮、角、角、羽」四個音級，「徵音」相當於現在屬「鼓節奏」方面的樂器（具動感或快節奏的樂曲），由其所發出來的樂音，因屬火性，易鼓動或振奮人心，故也名為「徵樂」。徵樂，顧名思意為「火」，火樂入人之「心經絡」，可激發人之情緒，使之亢奮，或者也可對治懶散、消極的情緒，使之具有動感，充滿活力。時下之年輕人，往往喜歡這方面的音樂，點綴其人生的色彩。然而，萬事萬物自有其相互平衡，以及相互牽制的道理，因此，若過度愛好或沉迷火性的音樂，容易使人心性浮動，或有逾越禮制的傾向，不可不慎。自古在戰場上有所謂的「擊鼓挺進」、「鳴金收兵」的術語，自有其道理存在，讀者也可由此進一步推敲其中緣由。

二、「勝」：有制之以平衡之意。

《景岳全書・鬱症》

　　凡五氣之鬱，則諸病皆有，此因病之鬱也。

　　至於情志之鬱，則總由乎心，此因鬱而病也。

《三因極・病症方論》

　　七者不同，各隨本臟所生所傷而為病，

故喜傷心，其氣散。怒傷肝，其氣擊。

憂傷肺，其氣聚。思傷脾，其氣結。

悲傷心包，其氣急。恐傷腎，其氣怯。

驚傷膽，其氣亂。雖七診自殊，無不驗於氣。

《三因方‧五勞症治》

五勞者，皆用意施爲，

過傷五臟，五神不使寧而爲病，故曰五勞。

以其盡力謀慮則肝勞。曲運神機則心勞。

意外致思則脾勞。預事而憂則肺勞。

矜持忘節則腎勞。

■火星在遷移宮

【得地火星入遷移宮】

意味著：個人在出外的行運上，爲人耿直，講誠信，頗具熱心，有樂於助人的好心腸，也有直言不諱，以及不喜攀緣附會的個性，爲人具有豪氣，處事喜乾脆、簡明、重效率、決斷力強。或者出門在外也喜廣交友人，能適時的伸出援手協助他們。或者有果敢的特性，不懼權威，處事明快，且能勇於擔負自己的職責。或者也有慈悲的心腸，樂善好施，也有嫉惡如仇的個性。或出門在外能堅守

自己的原則與作法，不爲環境變遷所誘引而改變其心志或操守（有高超的志節）。或在外的活動力強，具創意、巧思，以及良好的應變能力，能施展其才華，爲衆人注目的焦點。或在外與宗教、心靈成長方面的緣分甚深，通常能有所涉略，對其產生興趣。或在外具有積極的企圖心與動力，能盡心盡力，無怨無悔……

【落陷火星入遷移宮】

代表著：個人在出外的行運上，雖然活動力強，但在人際、公關、社交活動上，往往善緣難具，導致有運勢阻滯的現象。或其在外所展現的個人意志，缺乏自制力，容易忽略他人的感受與建議。或其人較以自我爲中心，注重個人主觀的見解與作法，往往疏於協調、溝通，以及忽略團隊的默契。或凡遇挫折之時，不易生起積極的態度來面對或突破其困境，導致易產生退卻的念頭，或以消極的心態應付。或喜廣交友人，但往往缺乏識人之智，善友難逢，損友難離。或其處事雖喜簡明、快速、重效率，但往往缺乏細心與評估整體環境的能力，易因衝動心理的影響而有導致誤失的可能。或在外的活動力雖強，做事易粗心大意，爲此而感召身體刑傷之患。或雖具創意、巧思與應變的能力，但往往缺乏有利的助緣，常受逆境磨練（因此，凡事宜循常理而行）。或在面對變遷的環境，個人心

志易受其動搖（宜防心性有所偏頗）。或雖有仗義直言以
及嫉惡如仇的特性，但易傾向於個人的主觀意識，亢奮的
情緒易給他人帶來困擾。或在外耐性較為不足，缺乏穩定
性，容易有先好後壞、先得後失、初善終惡的憾事……

> 遷移宮中坐火星，得地銳勢有作為，
> 為人心直且慈善，樂於助人好心腸，
> 廣結善緣逢貴人，才華得顯展抱負，
> 生性積極且樂觀，凡遇挫折克其難。
> 若有陷煞忌同坐，或見陷煞忌對沖，
> 於人行運有阻滯，當思良方來對治，
> 一者出外心性定，凡有所行循正道，
> 二者能廣結善緣，常逢貴人善知識，
> 三者宜有識人智，近於貴人離損友，
> 四者心性當懷柔，順語愛語無違逆，
> 五者謙虛以應事，凡事慎勿強出頭，
> 六者心性當積極，挫折可以勵己志，
> 七者勿粗心大意，若圖大舉當慎重，
> 八者隨緣能濟施，利他則可積陰德，
> 九者凡事宜博學，精通技藝可養身，
> 若能行於此九事，調整改變己思維，

陷地火星不爲害，遷移行運亨通來。

■火星在僕役宮（同事、伙伴及一般人事的相處狀態）

【得地火星入僕役宮】

意味著：在所交往的朋友中，不乏有個性耿直、講誠信、有豪氣、直言不諱之人，其人具熱心、有樂於助人的特徵，因此，與其直來直往頗能互動流暢，凡遇逆境之時能得其協助或關懷。或其人具創意、心思奇特、應變能力佳，頗有博學多聞的傾向，口才與辯思能力強，具良好的溝通技巧與談判的能力。或其人喜廣交友人，具有廣泛的人際脈絡，生性活潑、活動力強，在人際互動中能彰顯其才華，頗受大眾的注目。或其爲人個性乾脆、喜簡明、處事果決明快，通常能掌握有利時機，執行而有效率……

【落陷火星入僕役宮】

代表著：在工作伙伴、同事中（或一般朋友）與個人互動較頻繁者，其人生性好動、活潑，個性也較爲浮躁，常見其忙忙碌碌，難得清閒下來。或其人注重個人的見解與作法（主觀意識強），往往忽略周遭人的感受與建議。或其人心性剛毅（柔性不足），處事有剛愎自用的傾向。或其人心急直言，易出言得罪他人而不自知，導致有背後是非的困擾。或其人對環境的適應力雖強，但心性難定，

易受外境而遷己志（宜循常規而行）。或與對方互動時，其人心性不易開朗，或者缺乏積極的人生觀，在遇挫折或逆境時易萌生退卻的念頭，或產生消極的心態，導致有面對生活的無力感。或與其互動時偶爾會帶給自己困擾，易受其累……

> 僕役宮中坐火星，為人活潑有創意，
> 生性積極有作為，誠信以往有豪氣，
> 人際互動喜結緣，樂於助人熱心腸。
> 若有陷煞忌同坐，或見陷煞忌對沖，
> 交友運勢有阻滯，當得思量來對治，
> 唯今當思其緣起，僕役對宮為兄弟，
> 手足情緣若重視，平輩貴人善緣至，
> 兩者互有因緣果，知者對治不為難。
> 一者宜廣結善緣，二者以誠信往來，
> 三者以謙虛應對，四者互動無違逆，
> 五者利害不相交，六者隨緣不強求，
> 若能行於此六事，應是此中智慧人。

■火星在官祿宮

【得地火星入官祿宮】

火星

意味著：個人對本身的事業（工作）頗具企圖心，以及富有積極的行動力，為人盡職負責，能勇於承擔事務，並發揮果敢、創思、應變力來突破其所面臨的境地，並開創出美好的事業。或其具有專業能力，能在職場上發揮所長，獲得別人的讚賞與提攜。或在個人的工作上能依循原則處事，或按既定的目標執行，縱使遇到挫折或障礙，也能勇於排除困難，堅持本身的理念。或在本身的工作上，喜以簡捷、乾脆、明快，凡有決策，執行速度與效率佳。或其獨立作業的能力強，具有無比的毅力與自信心，能盡其所能的達成既定目標或理想……

◎備註：化氣為殺的火星，當它坐落在此宮位時，雖有如上的多項優點，但凡事適可而止，否則恐有衝過頭的傾向，而造成個人身心的疲憊（過勞），或容易導致初善終惡、先得後失、先盛後衰的現象，因此，不可不慎。

【落陷火星入官祿宮】

代表著：面對個人的工作或事業，缺乏正面、積極的企圖心與行動力，有才華難顯及懷才不遇的缺憾。或雖具專業的能力，但往往善緣難聚，使得工作或事業偶爾會有變動之象，或有工作中斷的傾向，導致本身的困擾或煩惱。或面對本身的職務，心性不易開朗，難在工作上一展

所長，導致有悶悶不樂的傾向。或在職場上太過重視本身的見解與作法，卻忽略周遭人的感受與建議，導致有人情疏離的傾向。或者由於隨興的個性，缺乏圓融的互動技巧，易招身後是非，徒增困擾。或在工作上凡遇決策之時，往往有誤判局勢的可能，導致有財物耗盡和面臨挫折的處境。或在事業上心志易受到環境影響，導致有初善終惡的傾向（宜循常理而行）……

官祿宮中坐火星，其人積極有作為，
遇事勇於去面對，巧思創意能應變，
執行有方重效率，衝勁十足無能比，
凡遇挫折不為難，毅力勇氣以因應。
若有陷煞忌同坐，或見陷煞忌對沖，
官祿行運有阻滯，當得思量來對治，
官祿對宮為夫妻，若已婚者當慎思，
兩情相悅默契合，官祿行運解神至，
兩宮相對有因由，彼此互有因緣果，
夫妻同心利斷金，同心之言臭如蘭，（臭：音秀）
若論一般對治事，或可如左來參考，
一者宜習有專業，謀職當適己心性，
二者宜習心性定，勿受外境遷己志，

火星

151

火
星

三者宜廣結善緣，其中或有貴人至，

四者心性當開朗，和悅有助於任事，

五者積極以因應，受挫當中勵己志，

六者戒急宜用忍，欲圖大舉當慎重，

七者謙虛以應事，免招身後是非至，

八者盡職講誠信，為人謀事當以忠，

九者遇挫不氣餒，但願善緣將來至，

若能行於此九事，陷地火星不為害，

轉變思維是智者，官祿亨通運自來。

■火星在田宅宮

【得地火星入田宅宮】

具足動態且帶有宗教意味的火星，當它坐落在此宮位時，可能意味著：個人在外的時間多，與家人聚會的時間少。或者也經常出門在外，與家人有聚少離多的現象。或個人在家時注重居家的熱鬧氣氛，喜與親朋好友往來，建立彼此良性的互動。或在家時也喜以展現個人的理念，發揮創意與心思來規劃或佈置居家環境，使其具有活潑的氣氛。或在個人的住家中有供奉祖先、神明的傾向，甚至在居家時間也可能有研究宗教（哲學）或有關心靈成長方面

的興趣……

【落陷火星入田宅宮】

代表著：個人對於居家生活的品味缺乏規劃的心思，
往往在外的時間較多，居家的時間少，與家人聚少離多，
或與子女的互動缺乏主動、積極性，導致有疏離感（這是
因為落陷的火星，會沖入對宮的子女宮，造成親子互動的
影響）。或在居家的時間心緒不易安定，難讓自己放鬆下
來，本身的心境易受外界影響。或對於居家環境的照顧與
維護往往缺乏細膩的心思。或在居家中注重自我的見解與
作法，由於主觀意識所致，易忽略家人的感受與建議。或
在購置房地產時容易有判斷錯誤的疏失，給自己帶來壓力
及負擔……

　　田宅宮中坐火星，得地居家重氣氛，
　　愛家有道敬祖先，創意心思在家庭，
　　若有陷煞忌同坐，或見陷煞忌對沖，
　　田宅運勢易更動，或在居家心難定，
　　不動產業難保守，宜思良方來對治，
　　一者居家能愛家，動靜出入宜權衡，
　　二者多關照家人，眷屬因緣本殊勝，

三者在家心調柔，和協同心家運興，

四者環境重整理，紊亂無濟家運勢，

五者置產當量力，失察耗財受其累，

若能行於此五事，家運興隆不爲難。

■火星在福德宮

【得地火星入福德宮】

「福德宮」意味著個人的㈠休閒狀態。㈡心靈或精神生活。㈢福報──「人生際遇與錢財多寡」。當動態性的火星坐落在此宮位時，代表著：

㈠休閒狀態：個人的休閒生活傾向於動態性活動，或喜參與人際、公關、社交等方面的活動，難得見其清閒下來。或在閒暇之餘沒事找事做，讓自己變得很忙碌。

㈡心靈或精神生活：在心靈生活上有追求自我成長的動力，爲人心地善良，見人有難易生悲憫之心，或有樂善好施的利人情操。或其爲人心性耿直，行事光明正大，凡事易大而化之。對宗教、哲學、心靈成長方面，有甚深的因緣，有涉獵或專研的傾向。或其爲人雖然嫉惡如仇，但也有熱心助人的好心腸。處事喜簡明，有積極的行動力與效率，對本身的職責能付出心力投入其中，唯

個性有急躁的傾向，缺乏穩定力。

(三)福報：

◎「錢財多寡」：福德宮的對宮爲財帛宮，因此，兩者有
互爲因果的關聯，這表示：個人對於錢財的狀況缺乏有
效規劃與應用的能力（易將得手之財輕易的耗盡，缺乏
危機意識）。或者可以說：對於財務的出入概念較爲豁
達，既能積極的賺錢，也有大方花錢的傾向；或者也喜
以財物來做濟利他人的行爲。也因此，化氣爲殺的火
星，當它坐落在福德宮時，顯然其人福報資糧尚有不足
之處。不過，卻也能發起善心，做些濟利他人的事。然
而，有關利他之事宜量力而爲，凡事重在發心，若能將
善行持續不斷的去做，也是廣植福田的好事。

◎「人生際遇方面」：雖經常面臨挫折的考驗，但也能常
逢助緣，或得平輩襄助的機緣。或其內在有面對孤獨以
及嚮往脫俗的情操，對世俗的觀察力強，有志節高超的
氣質，一旦突破其思想的束縛時，有徹悟人生的領悟
力，成爲卓越的思想家……。

【落陷火星入福德宮】

　　代表著：個人常爲日常瑣事煩忙，缺乏休閒規劃的概

念，難得見其清閒下來。或在面對其人生的處境時有無奈感，或不知如何突破所面臨的困境，有消極處世的傾向。或對於人生存在的意義缺乏認知與探索的動力。或其心思較為紊亂，有剪不斷、理還亂的傾向，雜緒紛飛，難以讓心情放鬆或安定下來。或也缺乏追求心靈成長的意願，常為生活奔波勞碌，忽略了身體與心靈的平衡之道。或也缺乏錢財方面的福報資糧，賺錢實屬不易，縱然辛勞付出，但有入不敷出的傾向。或也缺乏儲蓄的概念，有寅吃卯糧之患，或有借貸壓力的難言之隱。或其人個性急躁，雖發難制，往往不易覺察到本身的缺點並從中改進。或其人心性易受境遷，缺乏反省自覺的能力，進而調整自己，改善本身的缺失……

◎註：

福德宮的對宮為財帛宮，當落陷的火星坐落在此宮位時會沖入到財帛宮，因其陷地又化氣為殺，這會使得個人在財帛方面的福報有所銳減，也意味著：個人在福報方面缺乏有利的助緣，使其在賺取錢財的境遇上易逢挫折，須守之財又得因現實環境的支應而有耗盡的傾向，一生當中為錢辛苦為錢忙。

福德宮中坐火星，得地心善且賢良，

心地光明且正大，爲人熱忱喜助人，
追求心靈與成長，積極動力不忘失，
唯其星性帶殺氣，福德或有不足時，
若能調伏己心性，加以行善利他人，
福田若植積陰德，從此命運便不同。
若有陷煞忌同坐，或見陷煞忌對沖，
心緒煩雜難安定，於財行運也有滯，
若能知解此中運，當得思量來改善，
一者心勿受境遷，凡有所行循常理，
二者調柔己心性，剛愎自用不可行，
三者惜福不浪費，有所得時當珍惜，
四者以智來助人，隨己能力來施爲，
五者宜廣結善緣，其中或有善知識，
六者願心住善地，日久薰習慈悲心，
若能行於此六事，便是此中智慧人。

■火星在父母宮

【得地火星入父母宮】

意味著：在父母之中有個性耿直、剛毅、果敢，其人
個性活潑，適應力強，思考力敏銳，創思佳，但其爲人也

火星

頗講原則，與子女的互動能盡其智慧與才華，無怨無悔的幫助他們。或其人廣博好學也有專精的學問，人際脈絡廣闊，應變能力及口才佳，在眾人當中通常能成為注目的焦點。或其對子女的要求較高，祈望子女具備獨立及自我管理的能力，因此，與其互動時令人覺得有壓力感。或與子女的互動採取較為開放的態度，對子女的生活層面也較少主動參與，讓人覺得有疏離感……

◎備註：

　　化氣為殺的火星，當它坐落在此宮位時，不論得地及落陷，均具有殺傷力，因此，與子女之間的親情互動容易有先親後疏的傾向，關於此點宜多加審思才是，慎勿過度彰顯個人的主觀意識，否則易令子女望之卻步，造成親情的疏離。

【落陷火星入父母宮】

　　代表著：父母之其中一人為家庭付出頗為辛勞，常為日常瑣事及家務煩憂，難得見其悠閒享受家中清福。或其個性較為木訥，與子女的互動缺乏活潑的態度，以及主動參與的意願，令人覺得有親情疏離的現象。或其與子女的互動缺乏溝通與了解的心思，致使彼此的理念與作法默契

難合，心意難通。或其心性較爲不定，易受情境的影響，導致有情緒化的傾向，缺乏理性互動及感性面，讓子女望之卻步，使得親情之間有越見疏離的傾向。或對子女的生活起居缺乏照顧與關愛的心思，難以彰顯父母的愛心。或其缺乏積極面對人生的勇氣，凡遇挫折之時不易從中思考突破，反而有退縮的傾向，因此，欲振興家運反而成爲一種負擔……

父母宮中坐火星，得地活潑創思佳，
爲人心慈且耿直，蔭及家庭及子女，
博學多聞有才智，爲其付出無怨悔。
若有陷煞忌同坐，或見陷煞忌對沖，
親情互動不容易，爲人子女當審思，
父母對宮爲疾厄，遺傳基因受於斯，
順及父母孝爲先，身體健康壽綿延，
推及父母及長輩，長者貴緣處處逢，
人生運勢欲順遂，父母宮中有文章。

鈴星

鈴星

　　在《封神榜》中，最能代表「鈴星」的人物，「雷震子」可謂是適得其所了……。話說紂王自納妲己爲妃以來，朝中百官見君王寵妲己，遠良臣，信奸佞，害得三朝元老的宰相商容、趙啓，爲諫君王以正綱常，先後在議事廳中捨身，以及受炮烙之刑。尤其在姜皇后（天府星）遇難之後，紂王追殺太子，並另立妲己爲正宮，不以仁德治國，反以不智壞朝綱，不恥敗五常，又貪於酒色，所謂的人倫道德，破壞殆盡，枉爲一國之君。

　　一日，紂王回宮，向妲己說：「商容撞死，趙啓炮烙，姜皇后受到剜目之刑……，這般酷刑，百官們還不怕，得再想些辦法，來懲治他們才行。」其實，紂王內心最擔心的事乃是姜皇后之父「東伯侯姜環楚」，怕他發兵爲皇后討回公道，不止如此，若是聯和其他諸侯一舉進兵的話，唯恐朝歌城不保，將會陷入困境。（註：商紂王朝的四大諸侯分別爲：東伯侯姜環楚，西伯侯姬昌，南伯侯鄂崇禹，北伯侯崇侯虎，四大諸侯各自鎮守東西南北四大

要塞）

　　紂王召來承相費仲（廉貞星），說出內心所擔心的事，費仲即向紂王獻計說道：「百官對君上不滿，只恐他們與東伯侯姜環楚內外勾結，必生禍亂，君上不如暗傳旨意，把四大諸侯騙進都城來，斬首號令。如此的話，那些小諸侯們一旦失去了首領，也就不敢猖狂了。」紂王一聽大喜，說著：「此計甚妙，你真是個曠世奇才，能夠解我煩憂。」隨即暗下四道手諭，派四員欽差，分東西南北四路，傳送君上旨意。

　　西伯侯姬昌在接到手諭之後，即召朝中大臣議事，對著他們說：「君上宣召，我為自己卜了一卦，此去凶多吉少，該有七年之難，在我託理政事的這段期間，宜當維持綱紀，弟兄和睦，君臣相安，愛護百姓，惜老憐貧，待我七年災劫滿期之時，不可派人來接我，切記！」交待完後，姬昌便向母親太紝及夫人元姒（紂王姐姐）告辭。（註：西伯侯姬昌（天同星）有二十妃，生九十九子，長子伯邑考（紫微星）；次子姬發（周武王，武曲星）。

　　一切打點妥當之後，隔日一早，姬昌便帶領隨從數十人上路，沿途走了一天的路，來到燕山的一處地方，姬昌

隨即對隨從說：「快找避雨處，大雨很快就到。」隨從見天氣晴朗，並無異樣，誰也不信姬昌的說法。說時遲，那時快，一瞬間，烏雲佈滿天際，姬昌急忙驅馬，躲進一片密林，滂沱大雨如瓢般的傾瀉而下，一連下了半個時辰，姬昌說：「大家小心，要打雷了。」話才說完，霹靂交加的雷聲頓然響起，震得地動山搖。過了一會兒，但見雲開日出，姬昌又對大家說：「雷過生光，想必附近定有將星出現，各位，與我一起去尋將星。」

這時，忽然聽到一座古墓旁傳來嬰兒啼哭的聲音，姬昌走近一看，竟然是個嬰兒，姬昌抱起嬰兒，上下打量一番，見他面如桃花蕊，兩眼有光華，炯炯有神，內心大喜說著：「我命中該有百子，如今天數註定，有幸得到此兒。」於是命左右隨從說：「把他帶到前村寄養，待我七年劫滿之期，帶回西岐。」話才說完，一位仙風道骨的道人恰好攔在路上，向姬昌打個稽首說：「貧道是終南山玉柱洞的雲中子，方才見將星出現，貧道不遠千里而來尋找將星。」姬昌抱來嬰兒，雲中子一看說：「賢侯，貧道想收他為徒弟，待你回來之時，自會將他送還。」姬昌說：「七年後相會，能以什麼作為憑證呢？」雲中子說：「此子雷震現身，就以『雷震子』為名吧！」姬昌便放心將此

兒交付於雲中子，雲中子便將雷震子抱回終南山了……。

　　算起來，姬昌七年災難已是屆滿之期，紂王接受宰相費仲與大臣尤渾的建議，頒行赦旨，姬昌便隨欽差入朝歌城去晉見紂王，紂王雖已特赦姬侯，但對其返回西岐城之日卻遲遲不予決定，反而以欲擒故縱的方式，再次的軟禁姬侯。一日，脫困的機會終於來臨了，武成侯黃飛虎在其宅邸邀宴姬昌，待姬昌入席後，黃飛虎讓左右退下，說：「當今君上，寵信邪佞，不聽忠言，百姓驚恐度日，刀兵四起，以賢侯之德，還受羑里的七年囚困之苦，今逢大赦，若得機會回歸西岐，如龍歸大海，虎入深山。唯今，朝綱不振，朝令夕改，姬侯何不早日出關，回歸故土，何必在這羅網中，做這種吉凶未定的事呢？」姬昌（文王）一聽，頓然有所領悟的說：「唉！真是一語驚醒夢中人，侯爺說的真是金玉良言，不過，姬昌雖想走，但有五關擋路，不知如何是好？」黃飛虎隨即取來府中的銅符，交給姬昌，並讓他扮成傳送軍情的探子。直到二更時分，黃飛虎讓副將龍環、吳謙兩人隨身護衛姬昌，開了西門，把姬昌送出城。驛館的驛丞見姬昌一夜未歸，心裡著急，便向宮中報知，紂王發覺此事有異，便派殿前大將殷破敗、雷開兩人，速速領三千飛騎，責令追拿，以正國法。

　　此時，雲中子正在終南山玉柱洞修鍊元神，忽覺心血來潮，掐指一算，已知此事的前因後果，即命童子把雷震子請來，雲中子說：「徒弟，你父親有難，你速去救他脫離險境。」雷震子問：「弟子的父親是誰呢？」雲中子說：「你的父親是西伯侯姬昌，此刻在臨潼關有難，你到虎兒崖下找一件兵器來，我傳授你武藝，好讓你去救父親。」雷震子來到虎兒崖前，一眼望去，不見有什麼兵器，正想轉身回去問師父時，忽然間，聞到一股撲鼻的香氣，他便順著香氣的方向找去，只見崖上的綠葉間，長著兩顆特別顯眼的紅杏。他不顧山勢險峻，順著葛藤攀爬上去，一手將兩顆紅杏摘了下來，聞到香氣撲鼻，有如透入心脾的舒服感。心想：「我吃一個，給師父留一個。」沒想到，吃了一個之後，還想再吃一個，於是，便將兩個紅杏都吃下了。

　　雷震子吃了紅杏，一邊尋著兵器，忽然傳來兩聲巨響，左右脅下卻長出翅膀來，他嚇得跌坐在地上，臉好像也在變形，鼻子、眼睛、牙齒也長得格外異樣，身材也高有二丈，一時也不知如何是好，在無法可想的情形下，只好拖著翅膀，好像戰敗的公雞一般，垂頭喪氣的去見師父。雲中子在洞前等著，對雷震子拍手說：「奇哉！真是

奇哉！」雲中子引徒弟到桃園中，取來一根黃金棍，傳授武藝給他，不多時，雷震子已能把金棍練得精熟了。緊接著，雲中子在雷震子的左翅上寫一個風字，右翅上寫一個雷子，並傳授了咒語……，剎那間，雷震子飛向空中，搧動左右翅膀，空中不時傳來風雷之聲，飛旋了一陣子，已能控制自如時，便落下地來，叩謝師父恩情。雲中子說：「你應速去臨潼關救你父親，送他出五關，不許你傷害追趕的官兵，事情完成不可逗留，日後你與兄弟自有會合之日，你快去吧！」雷震子展翅飛向空中，只一會兒的功夫，已落在臨潼關的一處山崗上。

遙見前方的路上，正好有一位長者騎著一匹白馬飛奔而來，雷震子由空中落地說：「閣下可是姬千歲？」姬昌一看雷震子的模樣，差點被他嚇住，說：「壯士，你怎知我是姬昌呢？」雷震子頓時跪下叩頭，說：「父王有難，孩兒來遲，讓您受驚了。」文王左想右想，這才恍然大悟，七年前巧遇將星之事，說：「你為何來此？」雷震子說：「孩兒奉師命來此退追兵，送父王出五關。」說著說著……前方的追兵仍一路追來，姬昌說：「你可不能傷害那些兵將們，害了為父。」雷震子說：「師父也是如此交待，我只要嚇走他們就可以了。」雷震子展翅飛在半空，

只見一聲雷響，腳蹬天，頭朝地，飛到一個山頂，一棍打下了半邊山，二位將領見他如此神勇，且又生有雙翅，自知不是對手，只得領兵撤回都城，向紂王覆命去了。

　　雷震子停在姬昌面前，說：「父王不必如此為難，此去每過一關，要驗通行證（逢關驗符），這會耽誤了父王的歸期。若又有追兵來到的話，又當如何呢？」姬昌說：「這匹馬怎麼辦呢？」雷震子說：「父王宜以大局為重，雖然馬與您共患難七年，唯今捨棄牠，也是不得已的事。」姬昌只得拍拍馬，內心不捨的向牠告別，雷震子背上姬昌（文王），不過一刻鐘的時間，已飛出五關，眼見西岐城就在前面不遠的地方。姬昌說：「今日能得脫險，重回故土，全靠孩兒。」雷震子說：「我不隨父王進城，師父只命我把您送出五關，事情辦完就得回歸洞府，待孩兒學成道術，再與父王及兄弟們相會。」話一說完，叩了頭，便展翅往終南山飛去，回山向師父覆命去了。

　　由《封神榜》的故事情節中得知雷震子乃是將星投胎，欲助文王伐紂而現身的勇士，雖然其貌不揚，但他具有勇猛、果敢、心善，以及異於常人的才藝及智慧，其一生中面對各式各樣的挑戰，均能以其毅力及勇氣克服難

關，其喝斥的震撼力足以令敵方聞聲喪膽，所向披靡，攻無不克。在武王伐紂期間，與哪吒（火星）、楊戩（擎羊星）、黃天化（陀羅星）並肩作戰，立下不少的汗馬功勞。

鈴星是一顆具有超強戰鬥力的星座，尤其在於它的喝斥震撼力，通常能令對方收斂，勇武、果敢、忠誠，具備超強的意志力，能為其人生帶來積極性與企圖心，由於《封神榜》人物的比喻，我們就從其人物特性套入「紫微斗數」的學術中，來延伸它在十二宮位中的含意，如此，便能將鈴星做一個淺顯的詮釋。鈴星的主要特色表現在個人語言以及行動方面的強勢作風，具有令人震撼的強烈感，打個比方說：鈴星就好像是宗教上所使用的搖鈴法器（註一），雖然具有督促別人以及驚覺（醒覺、振奮）的作用，但從世俗的角度來看，鈴星只要一搖動，就如同一個人所說的話具有震懾別人以及驚覺的功能，若從六親宮（註二）的角度來分析其特質的話，則可分成兩種基本的現象，第一種是：得地的鈴星較具有正面的表達與懾受功能。第二種是：落陷的鈴星在說話方面容易帶來負面效應，讓對方反感。

169

鈴
星

◎註：

　一、「搖鈴法器」為密教法器所常用的法具之一，又作金鈴，其法器為督勵眾生精進，與喚起佛、菩薩之驚覺所振搖之鈴，即於修法中，為驚覺、勸請諸尊，令彼等歡喜而振搖之……（《佛光大詞典・密教法器》）

　二、「六親宮」：包括「命宮、父母宮、兄弟宮、夫妻宮、子女宮、僕役宮」。然而，鈴星的星性特質若在六親宮以外的其他宮位，其所代表的含意也有各自不同的特性，本章將會詳細的論及，不過從以上的基本分析外，尚需把握鈴星的另一項重點，鈴星化氣為「殺」，與火星具有相似的特質，火星的「殺氣」，陰陽五行屬「陽火」，為陽氣之殺，意味著：具有明顯的表徵，會凸顯在其命盤的某個宮位上，使其宮位的運勢由旺盛的氣勢漸而轉向衰微的傾向。然而，鈴星之殺氣，陰陽五行屬「陰火」，為陰氣之殺，這意味著：當它坐落在命盤上的某個宮位時，易將其宮位的運勢導向先逆後順之象，或有暗地耗盡的傾向。一陽一陰之間雖都化氣為殺，但其耗盡的現象各有不同。

　鈴星的主要特性雖帶有表達方面的才能，但與「巨門

星」的口才表達有著明顯的區分，鈴星的表達直接、性急、直言不諱（得理之時，缺乏寬容的態度），因此，有一鳴驚人的震撼力，容易直接傷及對方，自己不易察覺對方的感受，事後也未必有所悔意。但是，巨門星就不同了，巨門星的語言表達雖然有心急、口快、直言的特性，但往往語出之後，易帶來口舌是非（明處得罪於人，暗處招來是非），事後追悔莫及，徒增本身的困擾。

以下我們將依據「鈴星」——居於【得地】或【落陷】的兩種結構，來詳析「鈴星」在「紫微斗數」十二宮中的各別特性分析，祈使讀者能對鈴星的認知有一番新的見解。（註：廟、旺、利、得、平的星性曜度，在本書中，通稱為「得地」）

星名	五行	化氣	司　　　　主
鈴星	陰火	殺	能言善道、言辯、直言不諱、耿直、正義、果敢、忠誠、爆發力、喝斥的震撼力、持續力、恆心、毅力、磨練、挑戰、刑傷。

■鈴星在命宮

【得地鈴星入命宮】

171

鈴
星

一、為人心直，個性剛強，口才佳，說服力強，具有言語
上的震撼力、懾受力、煽動力，令人刮目相看。

二、個性果敢，決斷力強，具獨立性，能不懼艱難的排除
障礙去達成本身既定的目標。

三、自我肯定的能力強，膽大心細，為人有豪氣，具有嫉
惡如仇的個性，雖喜歡廣交朋友，但也不隨意攀緣或
降格以求，依附權貴。

四、為人喜簡明、扼要、乾脆、重效率，獨自行動的能力
強。

五、具有特殊的才華或才藝，且能將其淋漓盡致的表現出
來，成為眾人注目的焦點。

六、活動力強，隨時充滿能量，有整裝待發的氣勢，對人
生充滿旺盛的企圖心，能全力以赴，即使疲累也在所
不惜。

七、有旺盛的生命力具有爆發性的能量，在面對挫折與逆
境時能不畏困難，堅忍以赴。

八、為人個性耿直，有直言不諱的個性，語言表達的能力
強，通常有一鳴驚人的現象，造成某些程度的震撼。

九、生性好動，不畏艱難，不懼危險，易爲自己帶來身體
　　上的刑傷。

十、說服與表達的能力雖強，唯欠缺婉轉與柔和的態度，
　　易因直言不諱的個性傷及他人而不自知，或忽略他人
　　的感受與建議。

十一、有個人主觀的見解與作法，通常能排除衆議，堅持
　　　自己的理念。

十二、具有陽剛的個性，爲人講求原則，有較爲木訥的傾
　　　向，缺乏柔性的氣質，令人近之有威嚴、肅穆感。

◎備註：

　　鈴星的五行屬性爲火，化氣爲「殺」，因此，具有火
性的特質，當它坐落在個人的命宮時，除了上述的優、缺
點外，鈴星的特色主要展現在語言表達上所產生的效應。
即使擁有好的口才及說服能力，但若過度凸顯則易令人生
厭，有招架不住的感覺。或者雖有著滔滔不絕的口才，但
若不知適可而止，易導致言語傷人和言多必失的過患。所
以，平日宜多反省本身的言行，督促自己，愼勿重蹈覆
轍，否則，一旦善緣遠離之時，恐有「孤鳥離群」的傾

鈴
星

向，為自己豎立了一道藩籬，豈不可惜。為預防這種初善終惡的現象，宜勉勵自己：「凡事謙虛，廣結善緣，凡事不可強出頭，日常多行愛語、順語。」如此去做的話，自然能漸漸化解本身的障礙。

【落陷鈴星入命宮】

一、生性活潑，活動力強，日常生活中心性不易安定下來，好強、好勝的個性易為本身招來刑傷之患。

二、個性雖耿直，但有性急、直言不諱的傾向，易出言傷人而不自知，徒增他人的困擾。

三、心性較為浮躁，遇事易慌張，手忙腳亂，不易從逆境中破繭而出。

四、注重本身的見解與作法，而忽略周遭人的感受與建議，有剛愎自用的傾向。

五、性急直言的個性，缺乏圓融的表達及溝通技巧。

六、雖有才華，但往往缺乏助緣，導致懷才不遇或有才華難顯的憾事。

七、對事理的判斷與認知易獨斷獨行，往往因膽大而有失誤的過患，或本身心性易受外在環境影響，心志不易

固守。

八、對於人生的規劃缺乏積極的企圖心及行動力，凡遇挫折之時易將心事往內積壓，造成鬱悶，有寡言或木訥的傾向。

九、缺乏豁達的人生觀，易為日常瑣事操勞或困擾，不易從中改變思維，突破困境。

※鈴星入限吉凶訣：

　　限至鈴星事若何，貪狼相遇福還多，
　　更加入廟逢諸吉，富貴聲揚處處歌，
　　鈴星陷地不可當，守臨身命須推詳，
　　若無吉曜來會照，未免招災惹禍殃。

※鈴星坐落宮位曜度歌訣：（星性的亮度）

　　寅午戌位吉慶多，巳酉丑位亦同論，
　　亥卯未地得地吉，申子辰位招災咎。

※火鈴二星入限吉凶訣：

　　火鈴二星事若何，貪狼相會福還多，
　　更加吉曜多權柄，富貴聲揚處處歌，
　　火鈴限陷招災咎，失脫尋常難詳說，

鈴星

175

鈴星

口舌官災應不免，須防無妄禍來臨。

※鈴星，可能坐落命宮及其他宮位結構圖解：

巳	午	未	申
鈴星	鈴星	鈴星	鈴星
辰 鈴星	鈴星坐落宮位圖解（圖一）		酉 鈴星
卯 鈴星			戌 鈴星
寅 鈴星	丑 鈴星	子 鈴星	亥 鈴星

巳	午	未	申
鈴星+2	鈴星+4	鈴星+1	鈴星-2
辰 鈴星-2	鈴星坐落宮位曜度基本結構圖（圖二）		酉 鈴星+2
卯 鈴星+1			戌 鈴星+4
寅 鈴星+4	丑 鈴星+2	子 鈴星-2	亥 鈴星+1

■鈴星入命宮綜論

鈴星的特質已如前述，但不管其得地或落陷，畢竟其星性化氣爲「殺」，也即是說：鈴星的重要特質主要表現在說話、口才、語言表達、溝通、講解（說明）、談判……等等的互動上，因此，若能在這方面多下功夫的話，即能降伏鈴星的殺氣，轉化成正面的效應，有助於人生運勢的發展。比如說：平輩者的貴緣處處，或者能得長輩提攜，像這些善的循環是需要從本身內在的思維去調整的。要改變本身的習慣領域雖然有點困難，但若能考慮到有著

大好的未來時，你就能勉勵自己朝向這方面去做，相信你
會越來越好的。

■鈴星入命宮的生命機轉

鈴星入命宮者，其人從幼兒時起往往活動量大，不懼危險，主觀意識較強（叛逆性），易給家人帶來照顧上的困擾，因此，在成長過程中身體上往往有刑傷，或者傷痕累累之患，由於這樣的緣故，爲其人生帶來不斷的考驗，從每一個挫折中學到因應的智慧與成長，但是，畢竟要付出相當大的代價。

爲求化解鈴星所帶來的刑傷之患，平日可視本身的能力來做一些利人的事情，「捐血」可能是一個良性的建議，或者可隨緣隨分量力而爲的佈施相關重殘機構、脊髓損傷的福利機構，或者有關養護的社福機構……等等。也有個另類的建議，那就是：自己準備一個撲滿（存錢筒），在撲滿上面貼一張紅紙條，寫上「福田箱」三個字，每天投入十元，不間斷的實施這種善行，直到月底時把撲滿內所累積的金錢拿出來做佈施，不管採用何種方式來給予需要者，這種善行是值得去做的。從隔月的一日起重新開始，如此經年累月的實施，持續而不間斷。

177

　　像這種經年累月的善行，其主要目的在於「日行一善」，每日爲自己種下一個善的念頭，善的種子，這種持續行之的善念會自然而然的薰習成一種「慈悲的磁場」，就像每日播下一顆種子一般，到頭來這善行的累積（福田）將會形同濃密的果林，果實纍纍。俗語說：「爲善之人，如同植樹，雖不見其瞬間長，但也日有所增。爲惡之人，如磨刀石，雖不見其瞬間消減，卻也日有所損。」以持續的善行長久行之而無怨悔，相信我們所做的一切，在冥冥之中，善因將會有善果的，只要你相信「因、緣、果」的道理。

　　在人際互動方面，「謙虛」、「愛語」、「順語」也是化解鈴星致命傷的重要關鍵，謙虛應事，易廣結善緣；愛語與人，惡緣不招；順語應人，則能應對自如，善緣處處。這就好像我們將香水灑向他人的同時，自己也會感染到那股香氣，這是因爲反射原理的緣故，若能將這種善的行爲持續行之的話，宿命哪能束縛得了你呢？

　　鈴星坐命宮，得地落陷分，
　　已如前所述，若能知己運，
　　對治不爲難，人生際遇中，

平輩或長者，愛語順語施，

一切能隨喜，凡事以謙虛，

謙者無不利，善緣處處逢，

高亢不可爲，如飛龍在天，

亢龍終有悔，人生亦如是。

鈴星特性中，口語最凸顯，

以言可興邦，亦可失國土，

一切言語中，當敬慎以對，

得者得人心，處處逢助緣，

失者成孤辰，運勢總未濟，

一切禍福中，總在於自心，

若能轉思維，宿命難束縛，

世間無難事，只怕有心人。

■鈴星在兄弟宮

【得地鈴星入兄弟宮】

意味著：在兄弟姐妹之間有個性剛直、行動力強、心急、直言不諱者，處事果敢、勇於面對挑戰、嫉惡如仇、不懼權威、決斷力強，凡遇逆境之時能以無比的毅力及勇氣面對問題，突破難關。雖有如上的特性，但與其互動

時，對方雖缺乏主動與開朗的個性，但仍不失其關懷與愛護手足的雅量，也能盡其能力來幫助他們……

○註：

　　化氣爲「殺」的鈴星，當它坐落在此宮位時，因主觀意識較強，容易凸顯的特色，主要在於說話（表達）方面，因其心直口快的個性，雖能直言，但卻缺乏柔性與圓融的表達技巧，因此，易忽略家人的感受，徒增家人困擾……

【落陷鈴星入兄弟宮】

　　代表著：在手足之間有個性耿直，但其心性不定，缺乏自制力，易受環境的變化，而影響其個人心志，給家人帶來困擾。或其個性較爲木訥，與手足間缺乏關愛的互動，致令彼此的情誼有日漸疏離的傾向（手足緣薄）。或其個性較爲隨興，對家人的說話態度缺乏婉轉及正面的回應，往往易出言傷及家人，而忽略家人的感受與建議。或其心性好動，較有好勝、爭強之心態，也因此易感招身體上的刑傷之患。或在彼此的見解上意見相左、默契不足，導致有違和的現象……

　　兄弟宮中坐鈴星，得地其人性果敢，

心性耿直且好動，嫉惡如仇有豪氣，

說話表達帶權令，照顧手足宜懷柔。

落陷鈴星在兄弟，話出如箭易傷人，

心意難通少默契，手足情誼易疏離，

若能知己手足運，當得思量來對治，

一者以身來作則，說話柔軟來對應，

二者宜順勢引導，導其心性向善地，

三者手足情殊勝，同心協力興家運，

四者對其施愛語，漸次薰習來影響，

五者不以諍止諍，祥和之家有餘慶，

若能行於此五事，手足情誼當更親，

兄弟對宮為僕役，平輩貴人易逢臨，

知解兄弟宮中運，僕役運勢善緣來。

■鈴星在夫妻宮

【得地鈴星入夫妻宮】

意味著：伴侶的個性耿直，為人忠誠、正直，唯較有嚴肅感，能將個人的見解與作法付諸於行動，凡事講求效率，不喜拖泥帶水。或其也有專精的學問或技能，通常能將其展現出來。或其有極佳的口才與辯才（言談以及說服

的能力），但易直言不諱，少了一份圓融，以及自我警覺的敏感度，在說話當中易傷及對方而不自知。或其為人較有原則，木訥的個性缺乏活潑，以及營造浪漫氣氛的心思……

◎備註：

鈴星在此宮位的特色，主要表現在：個性帶剛毅，缺乏兩性互動的柔性面，以及在表達上易因心直口快，缺乏婉轉的技巧，在傷及對方的同時，也令對方困擾，導致彼此感情的互動有日漸疏離的傾向。因此，化氣為殺的鈴星易為兩者帶來負面的作用，這是因為鈴星的陰陽五行屬於「陰火」的緣故。所以說，不論鈴星得地或落陷，其彼此較勁或者互不相讓的成分還是在的。

【落陷鈴星入夫妻宮】

代表著：伴侶個性耿直，心直口快，直言不諱，與其互動時易為其言所傷，缺乏柔和以及婉轉的溝通技巧，令對方煩憂，不知如何是好。或其言行較為隨興，通常具有獨行獨斷的傾向（剛愎自用），缺乏溝通及協調的意願，也因此處事易生阻礙，或者有善緣不足的傾向，遇事易生初善終惡或者初成終敗的現象。或者具有木訥的個性，缺

乏主動及浪漫的心思。或兩人之間心意難通，默契不足，導致彼此的理念與作法不易取得共識，偶爾會有違和之處，感情有日見疏離的傾向……

> 夫妻宮中坐鈴星，得地才華有專精，
> 個性耿直喜簡明，輔佐伴侶有氣勢，
> 言行一致重規律，化爲行動有效率，
> 說話雖具震撼力，唯需婉轉與柔軟，
> 心急直言傷伴侶，語帶殺氣不可行。
> 若有陷煞忌同坐，或見陷煞忌對沖，
> 夫妻宮中運阻滯，當得思量來對治，
> 一者夫妻當同心，家運興隆氣象新，
> 二者以身來作則，愛語順語來相對，
> 三者知解其心性，凡事導其向善地，
> 四者協力興家運，和氣當中事業順，
> 五者勵其能成長，博學多聞有益處，
> 六者愛家當有道，同心之言默契合。
> 莫怨伴侶難和同，此事因緣自感召，
> 唯今若能行六事，欲興家運轉機至。

■鈴星在子女宮

鈴
星

【得地鈴星入子女宮】

　　意味著：在子女中，不乏懷有才華者，其人心地善良、耿直、果敢，具有嫉惡如仇的特質，為人心直口快，雖有極佳的表達能力，但往往有過與不及的缺失，易因衝動、直言，而帶給家人困擾，缺乏婉轉的態度以及善解人意的柔情。或其較為好動，缺乏穩定的心性，難得見其安定下來。或者也喜挑戰各種活動，自行感召身體上的刑傷。或其注重個人的見解與作法，獨立作業的能力強，能盡其所能的執行所設定的目標……

◎備註：

　　化氣為殺的鈴星，當它坐落在此宮位時，往往因本身的主觀意識（叛逆性），在與家人的互動缺乏婉轉與迴旋的空間，這部分的現象，尤其在說話方面，特別的明顯。另一方面，因為剛毅的個性，緊繃的情緒，不易讓自己放鬆下來，帶點肅穆、木訥，缺乏活潑、喜悅的動感，因此，與家人的互動往往有距離感，導致親情的互動缺乏流暢感……

【落陷鈴星入子女宮】

　　代表著：子女中有個性耿直、果敢者，唯其心急躁

進，有獨斷獨行的傾向，凡遇挫折時容易慌亂，偶爾會有先得後失、初成終敗、先盛後衰的現象，導致其人生的際遇缺乏有利的助緣，難成其事。或子女的個性急躁，主觀意識較強，與家人的互動缺乏柔性以及和諧的應對態度，尤其在說話方面，易因情緒的喜好隨興脫口而出，缺乏婉轉的技巧，導致傷及父母，給家裡帶來煩憂。或其個性好動，閒不下來，四處奔波勞動，易感召身體上的刑傷。或其與父母的互動缺乏主動性、積極性，令人覺得似有疏離感。或其與父母的互動聚少離多，似有親情緣薄的傾向……

> 子女宮中坐鈴星，得地身懷好才藝，
> 雖具孝心有擔當，唯其表達須婉轉，
> 心急言直易衝動，傷及家人不可為，
> 唯有同心愛其家，和協團結家運興。
> 若有陷煞忌同坐，或見陷煞忌對沖，
> 親情互動有阻滯，當得思量來對治，
> 一者親情本殊勝，若是疏離家運滯，
> 二者以柔性引導，強勢作為易隔閡，
> 三者應以身作則，負面言行恐誤導，
> 四者導其心性穩，心性不定難作為，

鈴星

五者愛語及順語，以此漸次來薰習，

六者要信賴子女，貶語損語不可行，

七者常激勵子女，受挫當中能勉勵，

八者傾聽子女言，解其心意無距離。

天下父母同一心，愛鳥及屋當盡力，

若能行於此八事，鈴星在位不爲害，

家庭興盛與衰敗，盡在父母因應中，

若能知解此中運，欲解此結不爲難。

■鈴星在財帛宮

【得地鈴星入財帛宮】

　　意味著：個人在理財方面具有快速求財，以及錢財大出大入的傾向，通常能看準目標，從中獲得財利。或者在賺錢的事業上頗爲忙碌，有爲錢辛苦爲錢忙的現象。或在錢財應用方面出入頻繁。花錢也有大方的傾向，不知節制。或雖能汲汲營求財利，在理財的規劃上，缺乏細膩的心思，偶爾會有橫發（或橫破）的傾向。或在錢財的運用上，作風大膽，有孤擲一注的心態。或有積存錢財時難以守成，卻又輕易的將其耗盡，缺乏儲蓄的觀念及危機意識，偶爾會有寅吃卯糧之患……

◎備註：

　　一、化氣爲殺的鈴星，當它坐落在財帛宮位時，也有著另一層更深的涵意：那就是：鈴星的殺氣也帶有耗失的意味，因此，個人在賺錢的事業上有著勞碌身心的現象，難以讓自己清閒下來，因爲鈴星會沖入對宮的福德宮，「福德宮」代表著個人的福報多寡，以及身心的活動狀態，所以，個人對於賺錢及理財方面宜以保守的態度來因應，況且，危機意識的建立仍是有必要的。否則以鈴星在財帛宮中的殺氣，易將得來不易的錢財輕易的耗盡……

二、鈴星化氣爲「殺」，具有下列的含義：

▲先好後壞。

▲先得後失。

▲先盛後衰。

▲先賺後賠。

▲先有後無。

▲先甘後苦。

▲初成終敗。

▲初善終惡。

【落陷鈴星入財帛宮】

187

代表著：個人在理財方面缺乏有效運用，以及適當管理的能力，雖然賺錢頗為辛勞，但往往有入不敷出的現象，導致常為缺錢所苦。或者在錢財的來源經常受挫，偶爾會有中斷財源，或為經濟問題所苦。或雖有賺大錢的積極企圖心，但往往缺乏正確判斷的能力，易因獨斷獨行導致策略失誤，而有耗盡錢財的傾向。或對錢財的出入與流通，作風大膽，缺乏保守的態度，導致錢財流失或有負債的可能。或對日常生活所需，易受衝動心理影響，花費不知節制。或也缺乏危機意識的建立，不易將錢財儲蓄下來，偶爾會有寅吃卯糧的過患，或靠借貸度日……

◎備註：

陷地的煞星一旦沖入福德宮時，會減損個人在錢財獲得的福分，因而有為錢財所苦的煩憂，這會導致個人的心緒不易安定下來，這其中也包含著「勞碌身心之苦」。所以，若欲根本改善這方面的問題的話，可從「廣植福田」的善行做起，本書中已有甚多篇幅提及這方面的改善方法，讀者可參考前面章節中的建議，來作為個人的因應。

財帛宮中坐鈴星，得地氣勢有作為，
理財運用易流通，作風大膽有特色，

鈴星

汲汲營求得財利，初成終敗當謹記。

若有陷煞忌同宮，或見陷煞忌對沖，

於人財運有阻滯，若能思以來對治，

改變思維是關鍵，知行合一轉宿命，

一者物當盡其用，浪費易招財耗失，

二者積蓄備急需，勿將錢財來耗盡，

三者賺錢雖辛苦，凡事宜當循常理，

四者宜廣博多學，才藝有助得財利，

五者宜廣植福田，隨緣隨分量力施，

六者宜盡己心力，凡事應對需積極，

七者宜廣結善緣，其中或有貴人至，

八者不怨天尤人，禍福吉凶有其理。

若能行於此八事，鈴星居位少危害，

只因調整己思維，轉化此運當可期。

■鈴星在疾厄宮

【得地鈴星入疾厄宮】

【鈴星在疾厄宮】 （不分得地與落陷）

鈴星的陰陽五行屬「陰火」，陽者爲「腑」，陰者爲「臟」，「火性」指人體之心經絡（心包經），以心臟爲

189

運作功能的相關臟器（心竅在舌，下走小腸），陽火之腑，指人身體之小腸，與心臟運作的功能息息相關，有君臣相依的意謂。「陰火」則指人體的心臟（血液運行的總開關），因此，當鈴星坐落在疾厄宮時，這表示著：個人對於本身心臟運作的功能（包括血液循環），得須多加留意，平日宜注重養生與保健。我們知道，木、火、土、金、水五行中，本是互為相生，也能在失衡狀態時，以適當的醫療或保健方式來使其在互相制衡中達到平衡的原則。有關於這方面的相關敘述，可以《黃帝內經》及其他相關資料來輔助說明這方面的論述。

※五行歸類表：（依據陰陽應象大論篇選列）

火	天			地				人						
	方位	季節	氣候	五音	五色	五味	五臭	五臟	九竅	五體	五聲	五志	病變	病位
	南	夏	熱	徵	紅	苦	焦	心	舌	脈	笑	喜	憂	胸脇

《黃帝內經・素問・陰陽應象大論篇》

南方生熱，熱生火，火生苦，苦生心，心生血，
血生脾，心主舌，其在天為熱，在地為火，
在體為脈，在藏為心，在色為赤，在音為徵(一)，

在聲爲笑，在變動爲憂，在竅爲舌，在味爲苦，

在志爲喜，喜傷心，恐勝喜，熱傷氣，寒勝熱，

苦傷氣，鹹勝㈡苦。

○註：

一、「在音爲徵」：請參閱前章「火星在疾厄宮」的說
明。

二、「勝」：有制之以平衡之意。

《黃帝內經・素問・五臟生成篇》

心之合㈠脈也，其榮㈡色也，其主㈢腎也。

肺之合皮也，其榮毛也，其主心也。

肝之合筋也，其榮爪也，其主肺也。

脾之合肉也，其榮唇也，其主肝也。

腎之合骨也，其榮發也，其主脾也。

○註：

一、「合」：即配合之意。

二、「榮」：五臟狀態表現於外在的色澤，可由肉眼觀察
而得知。

三、「主」：五臟之間有相互制約的作用，有制之以平衡
　　之意。

《黃帝內經・素問・五臟生成篇》

　　是故多食鹹，則脈凝泣㈠而變色；

　　多食苦，則皮槁而毛拔，

　　多食辛，則筋急而爪枯；

　　多食酸，則肉胝皺㈡而唇揭㈢；

　　多食甘，則骨痛而髮落；此五味之所傷也。

　　故心欲㈣苦，肺欲辛，肝欲酸，脾欲甘，腎欲鹹。

　　此五味之所合㈤也。

◎註：

一、「脈凝泣」：即血脈運行不暢通，有阻滯之象。
　　「泣」字有「澀」之意。

二、「胝皺」：皮厚而皺縮。

三、「唇揭」：嘴唇有掀起之意。

四、「欲」：喜歡。

五、「合」：互相配合，或有彼此協調之意。

色味當（註）五臟：白當肺、辛；赤當心、苦；
青當肝、酸；黃當脾、甘；黑當腎、鹹。
故白當皮，赤當脈，青當筋，黃當肉，黑當骨。

◎註：

　＊「當」：色味與五臟相合，有合宜之意。

《黃帝內經·素問·宣明五氣篇》

※五勞所傷：久視傷血，久臥傷氣，久坐傷肉，

　久立傷骨，久行傷筋。是謂五勞所傷。

※五味所禁：辛走氣，氣病無多食辛；（註）

　鹹走血，血病無多食鹹；
　苦走骨，血病無多食苦；
　甘走肉，肉病無多食甘；
　酸走筋，筋病無多食酸。
　是謂五禁，無令多食。

◎註：

　＊「無多」：不可多食或過之。

《景岳全書·鬱症》

凡五氣之鬱，則總由乎心，此因鬱而病也。

《三因方・五勞症治》

五勞者，皆用意施爲，過傷五臟，

五神不使寧而爲病，故曰五勞。

以其盡力謀慮則肝勞；曲運神機則心勞，

意外致思則脾勞；預事而憂則肺勞；

矜持忘節則腎勞。

《醫學眞傳》

喜、怒、憂、思、悲、恐、驚，謂之七情。

七情通於五臟：喜通心，怒通肝，憂通肺，

悲思通脾，恐通腎，驚通心與肝。

故七情太過則傷五臟，七情內傷則有所虧損，

療之不易，須視其何臟獨傷，觀其色，察其脈，

驗其形神，詳其太過與不及，而後調濟之。

◎註：

※此段文字在於詮釋個人心緒作用，與身體的健康狀況息息相關，因此，若欲令身心處在調和狀態，凡事不可過與不及，這是基於陰陽平衡以及其互爲消長的道理來作爲論述的。

■鈴星在遷移宮

【得地鈴星入遷移宮】

意味著：在出外的行運上注重人際、公關以及社交方面的活動，有個人的行事風格，能成為眾人注意的焦點，口才佳、善於辯說及談判。或其獨立性強，處事有魄力，喜乾脆、簡明、扼要，對事理的觀察能力敏銳，處事重效率，執行力強。或其對人生懷著積極的企圖心，也能以實際的行動不懼艱難，勇於去實現自己的理想。或其在外的活動力強，通常能面對種種挑戰，也因此，易感召身體上的刑傷之患。或其人有與眾不同的特色，能成為眾人注目的焦點……

◎註：

化氣為殺的鈴星，當它坐落在此宮位時，雖然有著如上的種種特質，但鈴星有剛毅、偏重自我的傾向，尤其在人際互動上，易因直言不諱，或心直口快的緣故，出言得罪於人而不自知，導致人緣漸漸的疏離（人際互動中，易見初善終惡之象）。因此，宜多學習「愛語」、「順語」來化解個人在遷移行運上的障礙，如此的話，鈴星坐落此地則不為害，反而有助長個人運勢的可能。

鈴星

【落陷鈴星入遷移宮】

代表著：個人在外的人際、公關以及社交活動上，往往缺乏有利的助緣，導致易遭挫折，或者也有著晦滯運勢，不易發揮其才智及行動力來突破其所面臨的逆境。或者在遇障礙時，易產生起消極的念頭或萌生退意，導致情緒積壓，或者有抑鬱、悶悶不樂的傾向。或其在人際往來之間，人緣不佳，不易尋得知己、善知識，或逢遇貴人的機緣，人生運勢如浪裡行舟，有著蹉跎的意味。或其在人際互動之間，易因衝動直言，得罪於人，致使善緣（善友）漸漸遠離，有孤立無援之象。或其在外，作風雖大膽，但往往欠缺周詳的思慮，以及對周遭事務的觀察力，也因此，在處事過程中易生初善終惡之象，或者有先得後失、先盛後衰的傾向。或其在外的活動力強，勇於面對各種挑戰，感召個人身體上的刑傷之患。或者心性易受衝動心理影響，固守心志不易……

> 遷移宮中坐鈴星，得地氣勢有作爲，
> 人際公關有其道，周旋其中樂在斯，
> 表達溝通有才華，衆中凸顯有特色，
> 唯其直言當須愼，得失於人尚不知，
> 人際初善易終惡，以此爲鑑當自勉。

若有陷煞忌同坐，或見陷煞忌對沖，

於人行運易阻滯，晦滯運勢少善緣，

挫折逆境考驗多，當得思量來對治，

一者愛語及順語，善緣處處有貴人，

二者不以諍止諍，凡事柔性以對應，

三者心性宜保守，凡有所行循常理，

四者能固守心志，心性不爲外境遷，

五者宜謙虛自守，過度張揚不可爲，

六者宜多積陰德，對治身體之刑傷，

七者宜博學多聞，可展長才利事業，

八者宜近善知識，從其薰習智慧長，

九者遇事不消極，宜以才智來化解，

十者心性當開朗，有利身心及運勢，

若能行於此十事，轉於宿命不爲難，

一切關鍵在思維，端視如何善運用。

■鈴星在僕役宮（同事、伙伴、或一般的人事往來狀態）

【得地鈴星入僕役宮】

意味著：在所來往的朋友當中，不乏有個性耿直、果敢、直言不諱者，爲人有豪氣，行事作風，有其獨特的風

鈴星

格，應事膽大心細，獨立性強，與其相處時，有其見解與作法，其個人的心志，不易為外在環境所動搖，自我肯定的能力強。或其在朋友當中，有其個人的風格與特色，成為眾人注目的焦點。或其個性剛毅，具有超乎常人的魄力與耐力，能不懼艱難的勇往直前，突破所面臨的障礙。或其個性也喜簡明、乾脆、隨性、豪爽、直來直往。或其具有良好的口才表達與說服能力，與其互動時，善於爭辯，頗具有震撼力以及影響力……

◎備註：

鈴星坐落此宮位時，美中不足的是：在往來的一般朋友中，雖有極佳的口才，但易因直言不諱的個性，缺乏對人性的了解，導致有以言語傷人，或損及他人而不自知的傾向。也因此，化氣為殺的鈴星，將導致初善終惡的現象，或者有善緣漸離，難逢貴人的缺憾。所以，若能覺察到個人在這個宮位的優、缺點時，宜應思考對治，不致使個人的人際運勢每況愈下，導致形成名副其實的孤辰（朋友中有孤僻者、損友難離、善友難過的意味）。

【落陷鈴星入僕役宮】

代表著：在個人的人際互動裡，不乏有個性果敢、急

躁、帶有孤僻者，雖有心急直言的特性，其爲人作風大膽，易因主觀意識所致，言語失當，或缺乏婉轉表達的技巧，感召孤立無援之象，善緣漸漸遠離。或其心性不定，遇事易受境遷，固守心志不易。或其懷才不遇，有才華難顯的憾事，導致運勢晦滯。甚至，可能也有善緣不具足的現象，在重要關鍵時刻，通常僅差臨門一腳，有功敗垂成之憾。或其遇挫折之時，易心生消極，或萌生退卻的念頭，有面對生活的無力感。或與其互動時，彼此的理念與見解，往往有出入之處，不易與其達成共識或默契，導致友情有漸漸疏離的傾向。或與其往來之間，友情不易綿延，偶爾會有中斷或者易見初善終惡的現象……

　　僕役宮中坐鈴星，與其往來有豪氣，
　　口才表達有特色，爲人耿直能直言，
　　出言雖具震撼力，須防傷人不自知，
　　友情維繫不容易，初善終惡當自惕。
　　若有陷煞忌同坐，或見陷煞忌對沖，
　　交友運勢有阻滯，平輩往來少助緣，
　　只因對宮爲兄弟，兩者互有因果牽，
　　若能思以來對治，當能善解逢助緣，
　　一者手足當友愛，平輩自有貴人至，

二者宜有識人智，近善知識遠損友，

三者互動以謙柔，互諍於事本無補，

四者嚴以勵己身，待他宜應以寬容，

五者因勢以利導，與其互動順因緣，

六者以才智利他，勵其心性向善地，

七者不攀緣附會，友誼則能長綿延，

八者利害不相交，彼此往來以眞誠，

若能行於此八事，人際往來不爲難，

化解此生僕役運，改變思維在己身。

■鈴星在官祿宮

【得地鈴星入官祿宮】

意味著：對於個人的事業具有積極的企圖心，剛毅、果斷、明快的處事能力，能爲其事業帶來財利。尤其在說話方面，具有強勢表達能力與震撼力，能以紀律帶動團隊，以身作則，執行力強，盡其職守，勇於面對工作挑戰，排除艱難，突破工作障礙。或其勵己甚嚴，盡忠職守，對於同伴或部屬，亦有要求嚴格的傾向，有堅守原則，不易妥協的特質。或其具有相當的專業能力，能在其工作上，盡其所能的發揮，樂在工作（唯有過勞的傾向，

當須謹慎）。或在其工作上具有超乎常人的毅力，成為眾人注目的焦點，也易引起周遭人的側目。或其在工作上獨立作業的能力佳，通常能獨當一面，具有萬夫莫敵的氣勢，凡事喜簡明、扼要、乾脆、重效率，決斷力強，能把握有利時機，適時出擊，為其帶來利益。或在工作上處事重條理及原則，易為同伴或部屬帶來壓力。或個人在事業上有其主觀見解與作法，由於對本身工作的執著，因此，不易以輕鬆的態度面對，導致情緒緊繃，或難以紓解工作壓力。或其在事業上易為其帶來財利，唯欠缺保守的心態，或有耗盡的過患（官祿是賺錢的來源與心態，與財帛的應用，有相當的關係）

◎備註：

一、化氣為殺的鈴星，當它坐落在此宮位時，即使居於得地的位置，雖然有著強烈的企圖心，以及積極的作為，但其特性往往有：先盛後衰，先得後失，先有後耗失，以及初善終惡的傾向，因此，個人應在這些預測的現象中，多加研究，從中尋找對治之道，避免人生有空忙一場之憾。

二、在個人工作或事業上易因堅持己見，或有剛愎自用的

鈴星

201

現象，易在人事互動中造成交惡的狀態，雖然具有權威感，但往往有人際疏離（背離）的傾向。

【落陷鈴星入官祿宮】

代表著：個人對於工作或事業的經營雖想極力有所作為，但往往缺乏有利的助緣，導致運勢阻滯，或有挫折重重，以及難以突破困境的無力感。或者在職場上個性果敢，作風大膽，通常有險中求勝的意圖，但往往有事與願違的憾事。或也喜挑戰高難度的工作環境，但往往有身體上的刑傷之患。或面對工作時疏於溝通，缺乏團隊默契，以致人際往來有背離的現象。或在說話方面易因表達上的疏失而感召是非，徒增個人困擾。甚至，可能也有選擇行業上的疏失（就業興趣、就業環境），導致個人在工作方面有鬱鬱寡歡的傾向。或在職務上雖想極力有所作為，但往往有決策與執行上的疏失，造成運勢的阻滯。或在職場上個人的心志易受環境變遷的考驗。或可能也有懷才不遇、才華難顯、難逢貴人提攜之憾，在面對個人的職務時，有難以勝任及缺乏開朗的心態……

官祿宮中坐鈴星，得地積極有企圖，

化為權威帶將令，運籌帷幄能執行，

領導統御有良方，溝通說服有自信，
唯其星性化殺氣，過剛少柔難親近，
適切言語善緣佳，屬言人情易疏離，
宜防自身成孤辰，初善終惡有過失。
若有陷煞忌同坐，或見陷煞忌對沖，
官祿運勢有阻滯，當得思量來對治，
一者擇業當慎重，宜當己身能勝任，
二者心性當習定，凡事勿受外境遷，
三者行事依常理，凡有所行向善地，
四者說話當以柔，屬言屬語不可行，
五者心性當開朗，面對職責當盡力，
六者應事宜積極，挫折逆境誰人無，
七者凡事當保守，若圖大舉宜慎思，
八者宜博學多聞，有利事業展專業，
九者宜廣結善緣，其中或有貴人至。
若能行於此九事，其人智慧非尋常，
官祿事業轉機至，宿命焉可來束縛。

■鈴星在田宅宮

【得地鈴星入田宅宮】

鈴星　　意味著：個人在居家狀態中活潑好動，難以讓自己清閒下來，或不易放鬆身心來調節本身壓力。或者經常出門在外，與家人聚會的時間較少。或在家時較有個人的見解與作法（主觀意識強）。或與家人的互動較為嚴肅，凡事有自己的原則，對家人也有較高的期待。或在維護房地產及設施方面頗為花費心力，或有負擔的壓力。或與家人在溝通互動上雖然心地正直，也能關懷備至，但在說話、表達的過程中，缺乏一份柔情的對待（較為嚴厲），適得其反……

◎備註：

　　化氣為殺的鈴星，當它坐落在此宮位時，其化氣會沖到對宮的子女宮，若已有子女者，在與其互動時，宜以柔軟語、愛語、順語來引導孩子，激勵其向善的境地成長，否則易因對子女的關愛與期待缺乏柔和對待的態度，屬言屬語（或嘮叨）易引起子女的反感，甚至會影響子女與其互動的意願，導致親情有疏離的傾向，因此不可不慎。

【落陷鈴星入田宅宮】

　　代表著：個人在居家的狀態不易讓自己放鬆下來，偶爾會有緊繃的感覺，心緒易受外在環境影響，導致經常在

外，與家人相聚的時間有限。或與家人的互動主觀意識強烈，往往堅持個人的見解與作法，卻忽略家人的感受與建議。或在居家時心急口快，易因衝動或情緒化，以言語傷及家人，徒增家人困擾。或與家人心意難通，默契不足，偶爾會有違和之處。或缺乏管理與維護居家（房地產）的能力，即使勉強擁有，往往有經濟上的負擔，或借貸的壓力。或在選擇居家環境時，往往缺乏評估的能力，即使在居家狀態時，易疏於環境及內務的整理，偶爾會有紊亂的現象，導致家運不濟，缺乏積極面對的態度……」。

田宅宮中坐鈴星，居家好動不得閒，
愛家有道心耿直，關懷備至有作為，
凡有言行宜懷柔，愛語有加情更親。
若以厲言及責備，家人互動易疏離，
若有陷煞忌同坐，或見陷煞忌對沖，
於人家運有阻滯，居家狀態難安穩，
波及對宮子女運，兩者互有因果牽，
若能知己之行運，當得思量來對治，
一者居家心性定，常居家中享天倫，
二者愛家當有道，善盡本分無違和，
三者言語當以柔，居家和諧家運興，

鈴星

205

四者置產當慎思，凡事宜當量己力，

五者心性當積極，主動關愛全家人。

六者心意宜相通，家人同心默契合，

若能行於此六事，振興家運不為難。

■鈴星在福德宮

【得地鈴星入福德宮】

　　意味著：個人在日常生活中常為瑣事煩忙，難得讓自己清閒下來，有勞碌不得閒的傾向。或其身心不易自我放鬆，偶爾會有緊繃的情緒，心緒不易安定下來。或雖有正義感，以及嫉惡如仇的潛在特質，但易因耿直的個性，招來身後是非，為自己帶來無謂的困擾。或其雖有直言不諱的個性，但缺乏柔軟的態度，易導致人際互動之間，偶爾會有人情疏離，有善緣未具之憾。或其在個人休閒方面較傾向於動態的活動，缺乏靜態方面的活動規劃，偶爾會有動靜失衡的狀態，身心易受到干擾。或其在精神層次以及心靈成長方面，其動機與穩定度不足，易受到環境變化的影響，而動搖其成長的意願。或個人的心緒易為日常瑣事煩心，難得清閒，導致心靈浮動，心緒難以安定下來。或個人在錢財方面的福報有限，有為錢辛苦為錢忙的傾向

（這是因為福德宮的鈴星氣勢會沖入到對宮的財帛宮，所產生的現象所致）……

【陷地鈴星入福德宮】

代表著：個人在日常生活中，缺乏生涯規劃的心思，常有瑣事纏身或為其煩心，導致身心難以清閒下來。甚至可能也有勞碌身心的現象，不易紓解積壓的負面情緒，導致有鬱鬱寡歡的傾向。或其對休閒生活缺乏規劃的心思，難以落實在行動上。或其面對現實的生活，偶爾會有無力感（無奈），缺乏有利的助緣，但又不知從何處著手來改變生活狀態，因此，缺乏鬥志易心生消極的念頭。或其在賺錢的工作或事業上，往往付出與所得不成比例，偶爾會有入不敷出的現象（這是因為落陷的鈴星會直接沖入到對宮的財帛宮，造成個人在錢財方面的福報有限）。或其雖不善於表達，但易因心急直言，而感召身後是非，得不償失，徒增個人困擾。或其對於精神層次的提升，以及心靈的成長，缺乏主動積極的意願。或個人的心緒，有紊亂，剪不斷、理還亂的傾向，難以從中理出頭緒，茫然不知所措……

福德宮中坐鈴星，得地好動難清閒，

鈴
星

繁忙瑣事擾心境，宜習靜定安慮得，
若有休閒當規劃，動靜兩者宜平衡，
心靈成長宜追求，人生意義在其中。
若有陷煞忌同坐，或見陷煞忌對沖，
福德行運有阻滯，財帛宮中易波及，
兩宮互有因果牽，當思良方來對治，
一者凡事當惜福，善用物資不浪費，
二者當博學多聞，應用才智來利人，
三者隨緣來濟施，不計多寡重發心，
四者心性當習定，勿受外境遷己志，
五者當廣結善緣，其中或有貴人至，
六者心性當開朗，心情喜悅利身心，
七者當廣植福田，凡有所行向善地，
八者理財當保守，點滴儲蓄備急需，
九者心靈宜成長，堅心勵己克艱難。
若能行於此九事，面對生活無怨悔，
縱使鈴星坐此位，不足為害少憂愁。

■鈴星在父母宮

【得地鈴星入父母宮】

208

　　意味著：父母中，有個性耿直、心性剛毅、爲人正直、處事有原則者，其對家務的運作，有其主觀的見解與作法，對家中成員的要求也較高，通常能督促與激勵子女成長，但在言語表達上，往往缺乏柔和、婉轉的態度，導致子女與其之間，易形成疏離，缺乏互動的意願。或其爲擔負家中責任，頗有辛勞的現象，難得見其清閒下來。或其個性善良，但在外表的語言及行爲上，似有木訥、嚴肅之感，令人近之有威，造成彼此心意難以互通，心靈距離越來越遠。或其愛子心切，易以嚴厲的語氣來激勵子女，但往往有適得其反的現象。或父母之間的感情互動，易見起伏之象，偶爾會有溝通不良（言語過當之失），或者默契不足的現象，導致彼此心意難通，偶爾會有違和之處。或個人與父母相聚的時間較少，有聚少離多的現象……

【落陷鈴星入父母宮】

　　代表著：父母中有個性較爲嚴厲者，其與子女的互動，常有聚少離多的傾向，爲家庭付出頗爲辛勞，難得見其清閒，缺乏適當的休閒規劃，常爲日常瑣事操勞或煩心。或父母對其人生雖懷有積極的企圖心與理想，但往往缺乏有利助緣，使其人生有懷才不遇，才華難顯之憾事，導致有面對現實生活的無奈，以及無力感。或其與子女的

鈴星

互動，在言詞上往往有疾言厲色的傾向，缺乏柔和的態度，導致子女與其互動時避重就輕，因而有親情疏離的現象。或其與子女的互動，缺乏積極、主動的關愛，疏於傾聽或了解子女的心聲。或其為家庭，雖有勞碌之象，但難以承擔家務的責任，對家運的興衰，有使不上力的感覺，易產生消極心態。或其在家，個性不易開朗，有木訥、沉默寡言的傾向，導致家中似有沉悶的氣氛，家中成員的心靈互動上，不易找到交集點……

> 父母宮中坐鈴星，得地愛家有其道，
> 盡心盡力能付出，為興家運且辛勞，
> 疾言厲色易疏離，家人心意難契合，
> 為人子女當盡力，與其互動勿違和，
> 平日以身來作則，漸次薰習來影響。
> 若有陷煞忌同坐，或見陷煞忌對沖，
> 父母對宮為疾厄，兩者之間有關聯，
> 若能善盡子女責，奉養也能以誠意，
> 加以互動默契合，彼此心靈有交集，
> 疾厄宮中無病憂，身體健康壽綿延，
> 父母因緣本殊勝，不與其親誰更親，
> 若能知解對治道，不為鈴星所束縛。

俯瞰

地劫

　　在紫微斗數的理論設計裡，把六煞星列入命盤中，是一個頗具積極意義的組合，人生的際遇中，不如意事十之八九，生命的歷程，也唯有在不斷的經驗當中學習到成長，以及因應的智慧。「地劫」便是引領我們從生活中（物質條件），如何珍惜有限資源，如何物盡其用，養成勤勞、節儉的習慣，俾使我們能從物欲的貪執中解脫出來，而不為物所束縛，讓自己過得更灑脫與自在。當人與人之間的個體意識，形成一個良性循環的集體意識時，人類的生存環境將會是美好的，人們的心靈也將會朝向善的意識開展出來，創造一個共生、共榮的淨土。

　　「地劫」具有變化莫測的不穩定性質（時空變數），其存在命盤的目的，也意味著：對於維繫生命所賴以生存的物質、錢財，在獲取的過程中，往往汲汲營求或得勞碌身心，屢經考驗，在挫折磨難中，才能有限度的獲取個人所需……因此，「地劫」具有：

在追求財物的過程中，易受到環境的考驗，

導致有破壞錢財（物質），引領自己脫俗的意味；

進而從中領悟到：安分守己，盡己本分，妄圖大舉，

有咎也。

或從物欲追求的執著中解脫出來，

讓個人的心靈不被物欲所束縛，

並從中領悟到精神與物質之間的平衡之道。

「地劫」坐落在命盤上的六親宮位，「命宮、父母宮、兄弟宮、夫妻宮、子女宮、僕役宮（朋友宮）」，其所代表的意義，基本上是大同小異的，不過，當它坐落在個人命盤上「財帛宮、疾厄宮、遷移宮、官祿宮、田宅宮、福德宮」的六個宮位時，又有另一番特殊的代表意義，本章節將會一一的來論述它。

以下我們將依據「地劫」——居於十二個宮位的結構，來詳析「地劫」的特性，祈使讀者能對「地劫」的認知，有一番新的見解。

星名	五行	意義或現象
地劫	陽火	破壞物質（錢財、身體），導致脫俗。挫折、事與願違、考驗、所求未遂、欠缺有利因緣、時運不濟、懷才不遇、困厄、刑傷。

地
劫

※地劫坐命宮的可能方位圖解：

地劫 地空 巳	地劫 午	地劫 未	地劫 申
地劫 辰	空劫同宮 地劫坐命宮 可能格局		地劫 酉
地劫 卯	空劫同宮		地劫 戌
地劫 寅	地劫 丑	地劫 子	地劫 地空 亥

◎子時、午時生者，
地劫與地空同宮。

■地劫在命宮

　　意味著：在個人一生的際遇當中，從兒時起，即有著活潑、好動的個性，父母在養育及照顧的過程中，頗為辛勞，在身體上，也易感召刑傷之患。或有脊椎（骨骼、牙齒）方面的問題，往往為本身的健康帶來困擾。或也可能在其際遇中，常有懷才不遇、才華難顯、時運不濟，導致善緣難具，在重要關鍵的時刻，或有僅差臨門一腳的憾事。或在其人生過程中，身心頗為勞碌，難得清閒，常為日常瑣事煩憂，難以排解心中悶事。或其對人生雖有積極的企圖心，但在受到環境的考驗時，不易從中改變思維，

突破困境。甚至在賺取錢財的管道上，頗爲勞心勞力，往往付出與收入不成比例，致使有勞多獲少的現象。或個人不易積聚錢財，即使有著危機意識，但爲支付日常所需，反而有透支的傾向，守財難、耗盡易。或在人際互動中，有阻滯的現象，易錯失有利機緣，導致運勢有晦滯之象。或在人生的道路上，往往有先得後失、初成終敗、先盛後衰、初善終惡的現象，如此循環反覆。或在面臨挫折與逆境時，易產生退卻的念頭，或以消極的心態應付……

◎備註：

　　地劫在命宮，其主要意味著：破壞錢財，導致脫俗。因爲，在滾滾紅塵中，若能透析個人生存狀態的因緣性，即可從物質的執取中解脫出來（不受到唯物主義的束縛），使自己的心靈能得到清心與自在。但這並不代表消極的態度，而是更進一步認清自己的優、缺點，從中去改變個人的思維與認知角度，尋找較有利於個人的著力點（專長或能力）。因此，在面對的過程中，若能順應個人的際遇，凡事盡己之力，扮演好自己的角色，而安然處之的話，壓力與挫折自然會相對的減輕，地劫所造成的宿命結構，將會因此而漸漸的瓦解，其對個人的威脅，也就不足以爲害了。關於這一部分的敘述，讀者可從中多加參研

體會，或許您會有一番新的見解。

地劫入命宮，生來考驗多，

童年成長運，父母頗辛勞，

身體及健康，易感召刑傷，

人生之運勢，晦滯少通達，

身心皆勞碌，難得見清閒，

若於財運上，勞多且獲少，

人際互動中，往往少助緣，

有先得後失，或初善終惡，

種種考驗中，欲勵己心志，

遇事宜靜觀，靜慮則慧解，

身與心相應，面對不為難。

人生際遇中，誰能無考驗，

地劫無好壞，端視在認知，

應俗本不易，何況有挫折，

若於逆境中，順勢且隨緣，

凡事盡本分，能活在當下，

行有餘力時，可量力濟施，

濟利有緣者，願其離窮苦，

願其身無恙，願其有善緣，

願願皆能達，斯願迴自身，

如此懷善念，言行亦如斯，

日久常薰習，思維增智慧，

諸種禍福事，感召在自心，

善者種善因，緣中有善果，

地劫為考驗，激勵己成長，

若知己運勢，對治不為難。

■地劫在兄弟宮（包括往來甚密的朋友）

意味著：在兄弟姐妹中有個性較為好動者，其人較為孤僻，或主觀意識較強，易給家人帶來無謂的困擾。或與其互動時，不易建立手足間的親密情誼，彼此互動的流暢度有限，個人的理念、作法、價值觀，難與其達成共識或默契，甚至可能聚少離多，或手足之情有日漸疏離的傾向。或在個人命盤的兄弟宮中，若無紫府星系（註）與其同宮時，與兄弟姐妹的緣分，較為薄弱……

◎備註：

※所謂的紫府星系是指：

一、以紫微星系為主的六顆星，分別為：「紫微、天機、太陽、武曲、天同、廉貞」。

二、以天府星系爲主的八顆星，分別爲：「天府、太陰、
　　貪狼、巨門、天相、天梁、七殺、破軍」。

> 兄弟宮中坐地劫，手足情分似緣薄，
> 彼此互動有距離，心意難通少默契，
> 若無手足論朋友，若無知己論僕役，
> 若欲平輩貴人至，兄弟宮中有文章，
> 若能愛惜手足情，處處則有善緣至，
> 若爲獨子得自勵，凡有往來以眞誠，
> 謙虛自守無不利，人生運勢如花開。

■地劫在夫妻宮

意味著：伴侶的個性較爲好動，常爲日常瑣事纏身，難得見其放鬆身心清閒下來。或對方缺乏主動性與積極性，致使彼此之間的感情互動，似有隔閡的傾向。或伴侶注重其個人的主觀見解，但在付諸行動時，往往有滯礙難行之處，導致有效率不彰的現象（想得多，做得卻有限）。或伴侶在獲取錢財的事業上，往往勞碌身心，付出與收入不成比例，卻又有入不敷出的傾向，導致夫妻間易因家庭生計問題，偶爾會有心意難通和溝通不良，或有違和與對立的現象。或伴侶在維持家庭經濟的能力有限，雖

然忙忙碌碌，卻又難見其改變思維去突破困境。或伴侶的
心緒較爲紊亂，常爲瑣事煩憂，難得見其開朗，少有喜悅
的心情，肅穆的個性易令人覺得有種冷寞感。或伴侶常爲
張羅日常所需繁忙，窮於應付，不知所措。或伴侶有運勢
未濟之象（才華難顯，懷才不遇），導致在其人生際遇
中，賺取錢財方面的能力，難見其有效發揮……

> 夫妻宮中坐地劫，兩性互動易違和，
> 心意難通少默契，經濟持家頗辛勞，
> 莫怨伴侶運晦滯，夫妻宜當默契合，
> 家庭命運共同體，包容對方相勉勵，
> 同心其利可斷金，同心之言臭如蘭，
> 團結和諧家運興，改變思維去舊習，
> 固守己業待機臨，何愁地劫來爲難。

■地劫在子女宮

意味著：子女中有個性較爲好動者，在童年成長的過
程裡，主觀意識強，喜歡挑戰各種刺激性的活動，易感召
身體上的刑傷，或對新鮮的事物有好奇探索行的動力（叛
逆性），因此，父母在養育及照顧方面頗爲辛勞。或子女
與家人的互動，往往缺乏善解人意，以及婉轉的態度，致

使親子之間似有距離感，或有親情疏離的傾向。或子女在其人生運勢中，有才華難顯的晦滯運勢，往往缺乏有利的助緣，導致易遇挫折，難以調適其心態，甚至消極以對，或有鬱悶在心的傾向。或其在金錢的運用上，缺乏有效的管理及運用的觀念，易將得來不易的錢財，輕易的耗盡，給家人帶來困擾。或子女對事物的看法與價值觀，往往與現實有差距，有獨斷獨行的傾向，缺乏審慎評估，以及謙虛請教於人的心態……

> 子女宮中坐地劫，親情緣薄易疏離，
> 爲子操勞盡心力，子女難生感恩心，
> 天下父母愛子心，唯望子女能理解，
> 爲人子女當體會，思及父母養育恩，
> 若能互動心意通，後輩貴緣易逢臨，
> 若能奉養盡心意，未來子女有善緣，
> 爲人父母當以慈，循循善誘來引導，
> 加以愛心及寬容，以身作則來勉勵，
> 願子從中能領悟，如同浪子能回頭。

■地劫在財帛宮

意味著：個人在賺取錢財的管道上，頗爲勞碌身心，

或有付出與收入不成比例，以及入不敷出的現象。或個人
缺乏保守的態度，以及有效運用錢財的概念，往往易將辛
苦賺來的錢財，輕易的耗盡，事後卻又爲缺錢所苦，如此
循環反覆。或個人在擁有錢財的福報有限（由於對宮爲福
德宮的關係），導致個人的心思常爲缺錢煩憂，心靈上有
剪不斷、理還亂的罣礙。或個人在錢財的來源上，往往缺
乏有利的助緣，即使忙碌身心，或有空忙一場的缺憾。或
在日常生活所需的財源上，往往欠缺持續的資源，偶爾會
有中斷或借貸度日（償還貸款壓力），或有東牆西補的可
能。或個人在錢財的運用上，往往欠缺縝密的思慮，易受
衝動心理的影響，而輕易的耗盡錢財（例如：投資失利、
投注失敗）……

財帛宮中坐地劫，賺財辛苦且勞碌，
得而耗失不易守，忙忙碌碌難得閒，
只因對宮爲福德，或許福分尚不足，
唯今若能知己運，當得思量來對治，
一者當愛惜物資，欲望無窮當適可，
二者惜福不浪費，量入爲出少耗失，
三者心志宜定守，凡有求財循常理，
四者宜廣植福田，財帛對宮爲福德，

221

地劫

五者量力來濟施，不計多寡重發心，

六者有危機意識，儲蓄以待急需時。

命運之鑰在己身，改變思維是關鍵，

若能行於此六事，何愁宿命來束縛。

■地劫在疾厄宮

意味著：在個人健康上偶爾會有陰陽失調的現象，易為身體帶來困擾，這其中原因可能來自：㈠身體易感召刑傷、有隱疾、舊疾在身，或留有傷疤等等。㈡四肢、脊椎（髓）、骨骼、骨質、牙齒，以及自律神經方面的問題。㈢身體偶爾會有氣虛的現象，導致身心難以協調，偶爾會有使不上力的感覺。

◎備註：

一、地劫的陰陽五行屬「陽火」，這可能也表示著個人的體質往往有亢進的現象，體內的陰陽之氣，易因失調之故，導致有陽氣渙散（陽氣由內而外的發散出來），日久不調的話，將有導致陰陽兩虛的可能。

二、地劫有破壞物質、導致領悟的特性，在面對健康的威脅下，從中學習養生之道，進而調理身體，維持在平

222

衡狀態，使身心健康。

疾厄宮中坐地劫，常為健康生煩憂，
身體刑傷總不免，氣虛在身當調理，
若能知解此宮運，當思良方來對治，
疾厄對宮為父母，父母宮中有文章，
兩宮雖然遙相對，彼此互有因果牽，
孝敬父母益己身，長者貴緣處處逢，
量力濟施傷殘者，不計多寡在發心，
或可隨緣說善法，才智利人祝福他。
若能常懷省思心，已造之惡心懺悔，
未造之惡不令生，已生之善令增長，
未生之善令生起，如此經常惕勵己，
善因善緣有善果，何為地劫來發愁。

■地劫在遷移宮

意味著：個人在外的人際、公關、社交等活動中，頗有周旋忙碌的狀態，但往往在人際往來之間，缺乏正面的善緣（雖然不甘寂寞，但主動性及積極性欠佳），易生初善終惡的現象。或者不易遇知心友人，以及有利助緣，致有難展才華及抱負之憾。或在外的運勢有晦滯、未濟之

223

象，凡遇挫折之時，不易從中改變思維去突破困境，偶爾會遇失意之時，或以消極、無奈的心態面對。或者在外，缺乏保守心態，易受到衝動心理的影響，花錢不知節制，事後卻又為缺錢所苦。或在外的活動力雖強，但也易感召身體有刑傷之患。或出外的運勢，容易感召先得後失、先好後壞、先有後無、初盛後衰的現象，不易去改變思維來突破困境。或其在外，經常勞累身心，閒不下來。或在外的行運上，偶爾會有誤判情勢的可能，或常錯失有利機緣，或有錢財流失的傾向。或在外有關資金的周轉，似有阻滯之象，缺乏有利資源來改善其財務困境……

遷移宮中坐地劫，在外交際勞心力，

人際互動須周旋，初善與終惡須化解，

再者心態宜保守，錢財勿輕易耗失，

地劫主破壞錢財，出門在外防流失，

若能謙虛以應事，其中或有助緣至，

在外心性當定守，身體免招刑傷至，

遷移動靜宜權衡，過度勞碌累己身，

廣結善緣宜真誠，凡事隨緣不攀緣，

在外利害不相交，明哲保身無是非，

心性寬廣能包容，人際互動善緣具，

遷移地劫會命宮，影響本命需注重，

智者當知去面對，遷移自有解神臨，

若能如上去實行，何愁地劫來束縛。

■地劫在僕役宮（同事、伙伴、一般朋友往來的人事狀態）

意味著：在所來往的人際互動對象中，不乏有個性好動、活潑、閒不住、難得清閒者，雖好管閒事易造成其心理不平衡的現象（自招壓力，頗有微言），與其互動時，彼此的理念與作法，不易達成共識。或者與其有默契不足之處，導致在人事往來間，似有僵滯的現象。或在往來的同事、伙伴或朋友當中，對方缺乏主動性、積極性，唯若與其互動時，易給自己帶來無謂的困擾，易見初善終惡。或在人事往來當中，個人的付出不成比例，在錢財方面，往往有耗盡在這方面的現象，帶給個人煩憂。或在平輩友人中，不易得到有利的助緣，難得結識知心好友。或在人際互動中，有不順心、易見起伏、阻滯之象，朋友的往來情分，往往難以綿延，常有變動更迭的傾向。或礙於本身能力有限，難以物質或錢財去幫助朋友。或也可能常為朋友奔波忙碌，但往往適得其反（過度熱心，有失立場）……

225

地劫

僕役宮中坐地劫，朋友往來煩擾多，

往來互動少默契，勞碌奔波累己身，

人際往來宜慎重，初善終惡當自惕，

知人者智不爲惑，朋友互動善緣多，

不以利益爲目的，知己知彼知進退，

謙謙君子無不利，加以能誠信以往，

平輩當中有助緣，化解地劫不爲難。

■地劫在官祿宮

意味著：在個人的工作運勢上雖然頗爲奔波勞碌，但有才華難顯或懷才不遇的現象，往往缺乏有利助緣，致使在工作或事業上，偶爾會有不順心的鬱悶傾向。或在職場上，勞累身心，不得清閒，付出與收入不成比例，往往缺乏人際善緣或遇貴人提攜的機緣。在工作或事業上，雖然頗爲辛勞，但偶爾會有工作中斷的現象，造成個人的煩憂。或在職場上，若投資的行動或交際應酬時，往往有入不敷出的傾向。或在工作上，難以發揮所長，在遇挫折時，不易改變思維，從中突破逆境，反而有消極的心態。或在個人所從事的行業上，缺乏抉擇的判斷力，有難展其才之憾，以致在面對工作時，心情不易開朗起來。或本身

缺乏人際互動的方法，導致有善緣背離的傾向，先得後
失、先有後無、先盛後衰、初善終惡的現象。或在職場
上，缺乏危機意識以及對環境變化的觀察力、適應力，在
決策上，偶爾會有判斷失誤、投資（投注）失利，導致有
耗盡錢財的可能……

> 官祿宮中坐地劫，事業行運考驗多，
> 求財艱辛頗勞碌，心意受挫少積極，
> 人生逆境總難免，歷練當中長智慧，
> 改變思維來突破，柳暗花明又一村，
> 一者事業有創意，因應時機能應變，
> 二者當廣結善緣，人際互動無違和，
> 其中或有貴人至，對己事業有助益，
> 三者宜學有專業，勝任工作盡己責，
> 四者心性當開朗，樂在工作有動力，
> 五者以謙虛應事，凡事不可強出頭，
> 六者理財當保守，投資應酬防耗失，
> 七者善盡己職責，忠於職守無違失，
> 八者受挫無怨尤，逆來順受勵己志，
> 若能行於此八事，何愁事業無著落。

227

■地劫在田宅宮

意味著：在個人的居家狀態中，缺乏對於環境維護、規劃、佈置，以及內務整理的心思，偶爾會有紊亂的情形。或在家中，閒不下來，難以將煩雜的心緒放鬆，以紓解壓力，易受外在環境的影響，而經常出門在外，與家人聚少離多。或在維持家務的經濟能力有限，偶爾會有入不敷出和勞累身心的傾向。至於在與家人的互動上，往往缺乏主動、積極的意願，個人的主觀意識也易引起家人的困擾。或在居家的狀態，偶爾會有房宅的變動，或者也有遷動的現象，易導致居家品質的不穩定，這其中，相對的會影響到子女在成長過程中的教養問題（田宅宮的對宮為子女宮，兩個宮位有彼此互為影響的關聯性）。或個人在擁有房地產的福報有限，即使勉強擁有的話，也將負擔得很辛苦（貸款壓力）。或在購置房地產時，缺乏縝密的心思，易受衝動心理影響，事後追悔或苦惱……

田宅宮中坐地劫，居家聚少且離多，
居家品質少重視，心意難通少默契，
家運盛衰是關鍵，居處變動宜慎重，
一者置產當審思，凡事宜應先評估，

二者愛家當有道，環境內務重整理，

三者居家心緒定，一家和諧家運興，

四者凡愛家當有道，守護田宅免耗失，

五者居家心開朗，全家和樂氣氛新，

若能行於此五事，家運興旺自然至。

■地劫在福德宮

意味著：因為物質條件的缺乏，造成心靈或精神層面的困擾，導致個人從世俗中，領悟到如何調適身心的道理。也因此，地劫在福德宮有破壞錢財、勞累身心，導致本身脫俗的含意。或個人在擁有錢財的福報有限，易將辛苦賺來的錢財，無端的耗盡（入不敷出），似有得財難守，空忙一場之憾（這與福德宮的對宮財帛宮，有著連帶的關係，因為地劫星會將其星性的特性帶入財帛宮，而財帛宮卻是最忌諱地劫沖入或與其同宮的）。或在其人生際遇中，常遭遇挫折以及逆境的考驗，易為瑣事煩憂，內在的心思紊亂，剪不斷、理還亂，難從其中理出頭緒來思考突破。或個人的心思易受環境影響，心性搖擺不定，易受境遷。或個人的思維煩雜，易自尋煩惱，致使心緒緊繃，難以放鬆心情，紓解個人的壓力。或其人生際遇中，往往

229

地劫　在受挫時，有退卻、消極的意念，導致有面對現實生活的
無力感……

> 福德宮中坐地劫，生來勞碌難清閒，
> 東奔西跑不得閒，或有白忙且耗失，
> 世俗財報或有限，得而復失難固守，
> 爲財辛苦爲財忙，畢竟所獲難如意，
> 只因對宮爲財帛，福德財帛兩相依，
> 破壞錢財煩惱多，心緒煩憂無濟事，
> 從中領悟能植福，隨緣濟施少慳吝，
> 福田廣植積福德，內心煩憂當善調，
> 宜習靜定安慮得，逆境當中無怨悔，
> 隱忍以待轉機臨，如同驚蟄一聲雷，
> 大地回春見生機，人生運勢氣象新。

■地劫在父母宮（其中之一）

意味著：父母之間的互動偶爾會有心意難通、默契不
足之處，其中一方常爲家庭勞累身心，難得見其清閒，但
往往付出不成比例，致使父母之間有認知的差距，難以同
心，家運不濟（其中原因，與家庭的經濟有關係，一旦缺
乏物質條件時，易引起違和或對立的現象）。或個人與父

母的互動，缺乏親情之間的良性互動，偶爾會有心意難通、默契不足的現象。或在個人的成長過程中，較爲缺乏父母的照顧，尤其在物質方面（金錢），也因此，個人從中學習到獨立自主的能力，以及堅強的毅力，以因應生活的考驗。或與父母互動的負面效應，無形當中影響個人身體的健康（註：這是因爲父母宮的對宮爲疾厄宮的關係，個人身體帶有遺傳父母的基因，因此，地劫具有沖入對宮的影響力，對於個人的健康狀態，多少會造成某些程度的影響，其主要的關鍵在於個人與父母互動的態度）。或個人與父母之間，有聚少離多的現象，易疏忽對父母的照顧與奉養，也讓父母常爲子煩憂……

　　父母宮中坐地劫，親子互動易見疏，
　　心意難通少默契，聚少離多父母憂，
　　天下父母同一心，愛護子女無怨尤，
　　爲人子女當惜緣，一家親和勝萬金，
　　欲興家運在己心，父母對宮爲疾厄，
　　兩者互有因果牽，若能參透此中意，
　　一家和樂默契合，便是此中智慧者。

孟丽

地空

　　具有時空因緣變數的「地空」，在每個人生的際遇中，扮演著心靈領悟的重要角色。在「紫微斗數」命盤的十二宮位裡，不管它居於哪個宮位，都具有「破壞感情，導致易悟的特質」，個人一生的行運，透過生活的體驗，精神領悟的契機，往往是一而再、再而三的，循環反覆的出現，端視個人的洞悉力，以及對生命的認知。因此，「地空」這顆具有多變係數的星，便是引領我們走向心靈成長，提升精神層次的重要指導。一些古籍或坊間的書籍，往往把「地空」的特性寫得危言聳聽，令人無所適從，不知所措，甚至無法從中得知對治之道，這是令人遺憾之處。

　　生命的進化與提升，本來就充滿著「陰陽之道」，「陽者」可把它比喻為：人們對於物質的需求。「陰者」可以精神層次的進化來比喻，當人們熱中於物質享受，或者汲汲營求能擁有可觀的財富時，殊不知，已偏離原本的陰陽平衡之道。當物質享受勝於精神的領域時，人們的心

靈便產生偏枯的現象，陰陽互爲制約的狀態，偏離其平衡
的軌道。

先哲們對於上述的論點，早在一千多年前，便在「紫
微斗數」的原始理論設計中，將「地空」的特質融入於每
個人出生時空的密碼裡，嘗試著在「解開生命密碼」的過
程中，引導個人從生命的歷練中，去體驗所謂的「心靈現
象提升」。所以，在個人命盤上的「地空」，它具有引領
我們走向心靈領悟的特性，而當我們去認知和了解之後，
就不會對它產生恐懼感了。反而在人生的每一個經驗中，
我們能透過精神受挫的考驗，從中去領悟到人心變化無常
的道理，我們便能夠超越自己，得到一份清心與自在，這
又何嘗不是因禍而得福呢？

在感情互動的過程中，
易受到時空變數的影響，
導致有破壞精神層面的現象，
使自己領悟到人心的變化與無常。
或從每一次的挫折經驗中，
去認知到自己的價值觀，
即能領悟到成長的重要性，

235

讓自己超越世俗的束縛，

進而得到清心與自在。

　　本命的命盤（一生的運勢），大限（註一）的命盤走向，以及流年的運勢（當年運勢），「地空」會因時空的變化，而扮演著頗富變化的角色，端視「地空」所在的宮位，進而來決定其所代表的意義，並以其呈現的現象，來作為個人的因應之道，從中去把握心靈成長的契機。

◎註：

一、大限的走向，在命盤的設計中，均為每十年走一次大限，這可分為順行及逆行兩種。所謂的【順行】是指：凡陽年出生的男性，陰年出生的女性。其每十年大限的走向為順行。【逆行】是指：凡陰年出生的男性，陽年出生的女性。其每十年的大限走向，則為逆行。

二、所謂的「陽年」主要是指出生的天干：甲、丙、戊、庚、壬年。

三、所謂的「陰年」主要是指出生的天干：乙、丁、己、辛、癸年。

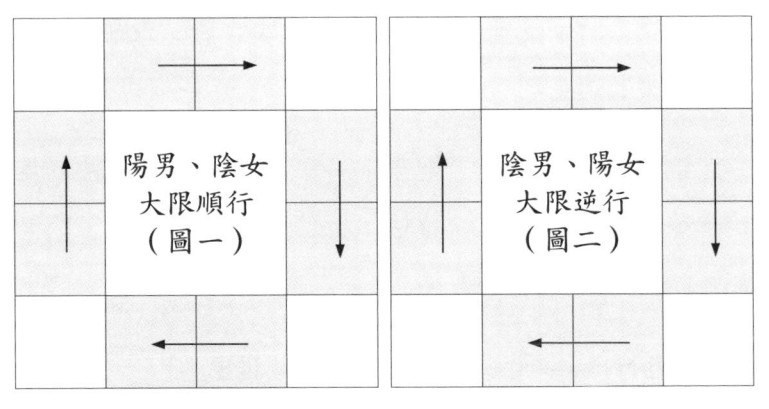

地空 巳	陽男、陰女 大限順行 （圖一）		地空 申
地空 辰			地空 酉
地空 卯	地空走向 邏輯分佈圖		地空 戌

「地空」坐落在命盤上的六親宮位，「命宮、父母宮、兄弟宮、夫妻宮、子女宮、僕役宮（朋友宮）」，其所代表的意義，基本上是大同小異的，不過當它坐落在「財帛宮、疾厄宮、遷移宮、官祿宮、田宅宮、福德宮」

237

地
空

的六個宮位時，又別有一番特殊的代表意義，本章節將會一一的來論述它。

以下我們將依據「地空」──居於十二個宮位的結構，來詳析「地空」的特性，祈使讀者對「地空」的認知，能有一番新的見解。

星名	五行	代表意義或現象
地空	陰火	破壞感情，導致易悟。心靈成長以及精神層次的提升。博學多聞、創意、領悟、想法與構思奇特、具宗教或哲學思維、挫折、磨練、事與願違、考驗、所求未遂、欠缺有利因緣、時運不濟、消極、無奈、心靈受創。面對世俗有無奈感，脫俗反而不受束縛。

■地空坐命宮

意味著：個人在其一生中具有領悟的高超特質，不但創思佳且有敏銳的觀察力，對環境變化的感受力強，能超脫物質的偏執，走向精神的領域，以及心靈成長的道路。對於人生的際遇，由於常有精神層面的挫折經驗，個人對於物欲的追求，能從受挫中學習到知足常樂的態度。或也不善於世俗的應對與因應（隨性、放蕩不羈），往往缺乏有利的助緣。或在其人生的際遇中，與宗教、哲學有甚深的因緣，在接觸的過程，漸漸引導自己走向心靈的成長，

及精神層次的提升。

　　或在其人生中，凡遇挫折及逆境時，易導致個人內在
心靈的空虛，無所適從。或個人具有親情緣薄的傾向，這
其中包括本身的心靈方面（命宮）容易有空虛的現象，在
「父母、兄弟、夫妻、子女、僕役等五個宮位裡」，也有
類似的狀態，這往往呈現在彼此心意難通，默契不足，或
個人的理念、作法、價值觀等等，不易為他人所理解，因
而造成個人心靈的空虛，導致似有孤立的現象，進而從中
領悟：改變思維，建立人際善緣。或其也具有較為隨緣的
個性，凡事雖能積極以應，卻也能順勢而退，有與世無爭
的意味。或對種種因緣際遇，其創思與領悟力佳，能從中
延伸個人的創意，有突破思維進而成為思想家的可能。或
個人也喜以獨處為樂，或沉思、或瞑想、或透過種種修鍊
方式，使心靈得以淨化及提升……

> 地空坐命宮，博學且多聞，
> 為人心慈善，頗有領悟力，
> 心思有創意，遇事能推理，
> 常出奇制勝，為人所稱揚，
> 人生際遇中，往來易受挫，

地空

默契難交集，初善易終惡，
反覆考驗中，從中得領悟。
地空如心靈，人生行運中，
獲財頗勞苦，如打擊心靈，
導致於易悟，一切現象中，
若論於禍福，關鍵在認知。
地空坐命宮，或有往昔因，
凡此生際遇，在於能領悟。
逆境及挫折，承受無怨尤，
但願所行事，善地種福田，
人生無常事，人心亦如斯。
若能解因由，地空不束縛，
思想能超脫，孤獨能自處，
心靈爲導師，地空本具足。

■地空坐兄弟宮（往來甚爲密切的朋友）

意味著：「在兄弟姐妹之間，與其互動，有心意難
通、默契不足，或其個人的理念、作法、價值觀，難以讓
人理解，導致彼此的心靈距離，有越見疏離的現象。或與
其相處，往往聚少離多，即使相聚的話，也難有心靈交集

之處。或與往來密切的朋友相處時，彼此的理念與作法，也偶爾會有出入之處，心意難有交集，易造成個人的困擾（兄弟宮的對宮為僕役宮，兩個宮位有互為影響的關係）……

　　地空坐落兄弟宮，與其互動易疏離，
　　理念作法各殊異，心意難通少默契，
　　雖為手足一家親，彼此心靈有距離。
　　兄弟等同朋友宮，若能友愛默契合，
　　好友如同沐春風，損友有如風帶沙，
　　唯今若知己運勢，當得思量來對治，
　　一者手足當友愛，兄弟本是同根生，
　　二者默契能相投，同心則可興家運，
　　三者宜以身作則，凡事可因勢利導，
　　四者互動多傾聽，解其心意無距離，
　　五者付出無怨尤，手足情緣相扶持，
　　六者兄弟朋友同，手足友情可比擬，
　　七者善解此宮運，平輩貴緣則易至，
　　若能行於此七事，自此運勢便不同。

■地空坐夫妻宮

意味著：個人與伴侶的感情互動，有心意難通、默契不足的傾向，或彼此的理念與作法，往往難以協調，或偶爾會有違和之處，導致彼此的心靈難有交集之處。或與其互動時，個人在感情上，容易有受挫的無奈感，導致彼此的心靈有漸行漸遠的傾向。或其對於兩性感情的經營，缺乏主動、積極的態度，被動（木訥）的心態，令人在面對時，似有疲累之感。或其對於婚姻的認知態度，缺乏積極營造的心思，與其互動時，心意偶爾會有相違之處，因此，個人的心緒易受其影響，也為工作或事業帶來些許困擾（這是因為夫妻宮的對宮為官祿宮的關係，兩個宮位有互為影響的作用）……

> 男子休嫌妻貌醜，婦人不怨夫家貧，
> 貧窮富貴皆由命，夫婦相處要真誠，
> 和氣家中少禍端，剛柔相濟兩相安，
> 同甘共苦好度日，清寒亦覺有溫暖，
> 夫妻本是前世緣，感情融洽家運興，
> 夫婦如賓互尊敬，百年連理樂無窮。

■地空在子女宮

意味著：與子女的親情互動，缺乏流暢感，彼此的心

意及默契不易找到交集點。或與子女之間的心靈互動，有
日漸疏離的傾向，令父母無所適從。或子女略帶孤僻，缺
乏主動性，給父母帶來煩憂。或其雖有敏捷的心思，對周
遭環境的觀察力強，但易傾向於自我意識的展現，缺乏人
際互動的藝術，以及流暢的技巧，也因此易在其人際往來
之間，屢屢受到精神方面的挫折及考驗……

> 子女宮中坐地空，親情互動少份親，
> 與其互動意難合，默契不足似疏離，
> 子女難知父母心，心靈隔閡如藩籬，
> 天下父母愛子心，若知己運當對治，
> 一者愛子有良方，愛語順語來勉勵，
> 二者以身來作則，漸次薰習來影響，
> 三者傾聽其心聲，彼此互動無距離，
> 四者觀察其言行，從旁因勢來引導，
> 五者付出無怨尤，祈願子女能領悟，
> 子女宮與田宅宮，兩宮相對有因由，
> 一家上下難契合，如何同心與家運，
> 若能行於此五事，當能見其轉機至，
> 若問關鍵在何處，改變思維在己身。

■地空在財帛宮（缺錢帶來煩惱與苦悶）

意味著：個人缺乏理財的觀念，易將辛苦賺來的錢財耗盡，導致有寅吃卯糧的過患。或常為缺錢所苦，偶爾會有中斷財源的危機。或有難以清償借貸的壓力，周旋反覆，難以脫困。或常錯失賺錢的時機，往往缺乏有利的助緣，導致有勞碌身心之象。或個人缺乏賺錢的企圖心，往往有消極以對的傾向，也因此不易積聚錢財。或個人經手之錢財，易將其輕易的耗盡，事後又為缺錢所苦。或也缺乏危機意識，不易將所得的錢財積蓄下來。或在錢財方面的福分有限（這是因為對宮為福德宮的關係），往往有先得後失、先有後無、得而復失的現象，導致有為錢辛苦，空忙一場的缺憾（缺乏保守心態，有錢易耗盡，難以守成）……

　　財帛宮中坐地空，為財所困有煩惱，
　　勞碌身心不易守，得而耗失旋反覆，
　　先得後失福有限，只因對宮為福德，
　　唯今若能知己運，當得思量來對治，
　　一者物當盡其用，錢財則能少耗失，
　　二者儉德以自勵，惜福反能積福德，

三者宜廣植福田，隨緣量力來濟施，

四者心量當寬廣，能植福田捨慳吝，

五者平日宜積糧，勿待寅吃卯糧時，

六者理財當保守，衝動心性易耗失，

七者心中無怨尤，只因福德尚不足，

若能行於此七事，從中實踐來改善，

當是此中智慧人，何愁地空來束縛。

■地空在疾厄宮

在命盤的星性組合上，「地空」喜坐落疾厄宮，因爲地空有化解疾厄宮中晦氣的功能，爲個人的健康帶來好運。地空在疾厄宮，也意味著：個人的身體狀況無恙，若偶爾有不適之時，只要能就醫服藥，即能恢復正常狀態。這似乎有把疾病化解的另一層含意。或個人在遇不利於己的狀況，或其環境具有威脅性時，地空也有逢凶化吉的功能，使身體減輕危害。或本身的命盤若有落陷的四煞星（羊陀火鈴），或有化忌星、陷地的煞星坐落在疾厄宮，或有陷地煞星、化忌星由對宮沖入時（疾厄宮的對宮爲父母宮），「地空」有化解災厄的功能，能將其危害，減到最低的程度……

地空

疾厄宮中坐地空，逢凶化吉如解神，
身體微恙不為害，減其病苦或病除，
地空意謂解神至，喜坐此位解災厄，
如同恩光來照會，少病少苦少煩惱，
若問地空誰不忌，疾厄宮中最妥當。

■地空在遷移宮

一、在人際方面：意味著：個人在外的行運，無論人際、公關、社交等活動，缺乏主動及積極參與的動力，導致其人際範圍有限，不善於經營人脈。或者也不喜接觸人多、熱鬧的場所，喜歡寧靜的高雅場所，以及大自然的環境。或者也有博學多聞的才華，為眾人所注目，心地善良，能將其所學適時的與人分享……

二、在個人思維方面：代表著：在外對環境事物的觀察及敏感度佳，創思、應變、適應環境的能力強，容易在其所接觸的事物中，萌生突發性的領悟力，改變思維，影響其對人生的認知態度。或對於人生存在的意義有所領悟，因此，對於追求生命意義的動力大於世俗的營求利益。或其有追求心靈成長，以及提升個人精神層次的意願，因此，對於對世俗名利的競求淡然

處之。或與宗敎、哲學方面的接觸有甚深的因緣，也有主動探討的意願，並從中獲得某些體悟。或對於在外所接觸的環境當中，能轉變思維，以及有突破個人思想界限的可能。或個人有常遇挫折的經驗（這其中包括人際相處、異性往來、工作事業、家庭……等），從每一次的考驗中領悟到人生的變化無常，進而從中超越個人的習慣領域，開展出新的思維與人生觀。或者也有出門在外的空虛感，對於人生無所適從，唯有透析現象的本質時，進而領悟到個人心靈提升的重要性……

遷移宮中坐地空，出外行運有波折，
人際初善有終惡，友情往來易疏離，
應事先得而後失，周旋反覆困其中，
遷移地空悟性高，思路敏捷能觀照，
若能知己之運勢，對治其性不爲難，
一者隨緣來應對，凡事不可強出頭，
二者謙虛結善緣，一切所行無不利，
三者宜見機而作，若欲行事有立場，
四者靜觀周遭事，或有從中來領悟，
地空心性本清高，心靈體悟勝世俗，

247

踏破鐵鞋無覓處，心中自然有主張。

■地空在僕役宮

意味著：在往來的同事、伙伴及其一般人際互動上，其中不乏有創思佳、應變能力強，以及聰明才智者，但有其個人主觀的意識與見解，因此，在彼此的互動上，往往不易與其達成共識，甚至有默契不足之處，導致彼此的認知與價值觀不易找到交集點。或在人際往來中，偶爾因彼此的隔閡，而造成人際上的挫折與障礙。或在往來對象中，不乏有領悟力強、點子多的同事、伙伴們，唯其人具有獨特的行事風格。或在個人的人際互動中，偶爾有初善終惡的現象發生，難得知心好友。或朋友中也不乏有想得多、重理論的人，但在實踐的功夫上，卻做得有限（有空談闊論者）……

僕役宮中坐地空，人際互動易疏離，

心意難通少默契，心靈難有交集處，

往來先好而後失，或有初善而終惡，

若能知己之運勢，當得思量來對治，

一者交友宜慎重，頻繁周旋累己身，

二者有知心好友，友直友諒友多聞，

三者不攀緣附會，也不降格以求之，

四者往來以誠意，謙虛自守能順勢，

五者利害不相交，人事往來惡不招，

知心好友如明鏡，善惡當思以爲鑑，

若能從中來體會，當可勘稱善知識。

■地空在官祿宮

意味著：面對個人的工作或事業，偶爾會有無所適從之時，對於職種的選擇與工作的適應力，也有其不足之處。或其在事業方面，往往缺乏動力以及積極的企圖心，易因挫折或逆境的考驗而有退縮的心態，導致常爲工作煩憂，又缺乏面對的勇氣與突破困境的毅力。或在工作上，偶爾會有工作中斷的現象，致使財源短缺，或有工作頻繁更動的傾向（常換工作）。或可能也表示著，個人的工作、事業傾向於：以創意、思考、謀略、教學、演說、作家、發明家、藝術家、宗教、哲學、五術、潛能開發、社工人員、心理醫師、精神科醫師、形象塑造師……等等，以運用創思爲領域所開展出來的事業（地空有無中生有的含意，即透過本身所學的專業，將其轉化成以創思爲主的事業）……

官祿宮中坐地空，工作事業考驗多，

心靈調適難從容，或有挫折旋反覆，

雖有創思及才華，難顯專長運有滯，

若能調整己思維，則有良方來對治，

一者擇業當慎重，勝任愉悅心開朗，

二者宜樂在工作，善盡職責守本分，

三者人事無違和，彼此配合默契足，

四者多發揮創意，事業當中有利益，

五者謙虛以應事，其中或有貴人至，

六者宜博學多聞，輔助事業展專業，

七者受挫當自勵，消極心態無濟事，

八者固守己心志，隱忍以待轉機至，

若能行於此八事，何愁地空坐官祿，

知解能行有善果，關鍵之因在認知。

■地空在田宅宮

意味著：個人在居家的時間少，與家人有聚少離多的現象。或在居家時間，與家中成員的互動，在心意及默契上不易引起共鳴或找到交集點，導致與家人的心靈距離似有疏離的傾向。或擁有房地產的福分有限，即使擁有，也

將為固守房地產而操心。或在居家中，心靈上有空虛或寂
寞感覺，家人難以理解其內在心思、理念與作法……

> 田宅宮中坐地空，居家心靈易空虛，
> 愛顧家庭頗辛勞，家人難解此用心，
> 若欲置產當慎重，宜量己力而行之，
> 得而固守不容易，維護家產費心思，
> 居家若能相和諧，加以同心默契合，
> 門庭一片氣象新，何愁家運不興隆。

■地空在福德宮

意味著：在人生際遇裡，常會碰到逆境所帶來的考
驗，造成精神層面的挫折，以致能透視人生的無常與變
化，進而領悟其中道理。或個人擁有錢財的福分有限，往
往為錢財費盡心思，或在精神上受到財困的束縛而勞碌身
心，偶爾會有空忙一場之憾（因其對宮為財帛宮的緣故，
而坐落在福德宮的地空會沖入對宮的財帛宮，造成削弱財
帛宮的運勢）。或個人具有開發內在潛能的本能，若在適
當的時機，或有突破思維，突破習慣領域的可能，由於思
維的領悟，或有成為思想家的可能。或個人與宗教、哲學
方面有甚深的因緣，願意將個人心得與他人分享。或個人

對環境事物的觀察力敏銳，往往能從中自行領悟生命的道理，而這些道理與心靈成長的提升與淨化有著相當的關聯⋯⋯

> 福德宮中坐地空，心靈空虛在其中，
> 人際往來易疏離，際遇當中考驗多，
> 財帛福分雖有限，財來財去不執著，
> 福德對宮爲財帛，兩宮彼此有關聯。
> 思路敏捷有創意，注重心靈及成長，
> 勝於世俗之營求，地空本具領悟性，
> 悟透因緣智慧生，心地善良能施與，
> 隨緣隨分去佈施，其人心靈能自足，
> 人心若善事事善，人心若美事事美，
> 試問誰能堪此任，地空爲人所佩服。

■地空在父母宮

意味著：在父母中，有博學多聞或廣度學習者，其人有甚深的領悟力，不但創思佳，思辯的能力也強，唯較注重個人心靈的體驗，因此，與子女之間的互動，缺乏主動性與親和性，似有距離感。或父母之間的感情缺乏流暢度，彼此間的心意或默契不易找到交集點。或個人與父母

的互動，也有心意及默契不足的地方，在親情間似有越見疏離的傾向，彼此之間的心靈往來不易找到交集點（難以理解父母的心思及作法）。或個人缺乏與父母互動的意願，易爲家庭帶來困擾，令父母煩憂。或不易將個人心事傾訴出來與父母共享，導致與父母親的心靈互動似有疏離感。或個人對於父母親的回報能力有限，難以落實照顧父母的責任。或在家中，注重個人見解與作法，主觀意識較強，往往忽略父母親的感受與建議，然而，對父母的付出及其心思也缺乏體貼的回報……（備註：以下所述及的十事中，摘錄自《大藏經・佛說父母恩重難報經》）

> 父母宮中坐地空，心靈互動有距離，
> 自我意識難融入，少份親情易見疏，
> 天下父母愛子心，爲子付出無怨尤，
> 爲人子女易忽視，難報父母之恩情，
> 唯今若欲來改善，當從因地下功夫。（註）
> 一者懷胎守護恩。二者臨產受苦恩。
> 三者生子忘憂恩。四者咽苦吐甘恩。
> 五者迴乾就濕恩。六者哺乳養育恩。
> 七者洗濯不淨恩。八者遠行憶念恩。
> 九者深加體恤恩。十者究竟憐愍恩。

地空

若能依此十事中，旋然領悟心迴轉，

一切因中若改善，果地自有善緣來。

※註：

「父母宮」的對宮為「疾厄宮」，這兩個宮位雖然遙遙相對，但彼此間有互為因果的關聯，個人的基因遺傳於父母，因此，個人的健康狀況自然也就與父母親的互動息息相關。若能了解這個道理時，便能從中下功夫，盡力去改善與父母親的互動，建立良善的親子關係。

空劫同宮

空劫同宮

在前兩章所談及的地劫、地空兩星，將其分佈在十二宮位的特性，已有詳細的論述，但在紫微斗數的命盤結構裡，凡在「子時、午時」出生者，其地空與地劫將會同宮，且坐落在「巳、亥」的兩個宮位上，這種具有特定規律性走向，從下圖的顯示即可了解。

地劫 地空 午時生 巳	巳時 午	辰時 未	卯時 申
未時 辰			寅時 酉
申時 卯			丑時 戌
酉時 寅	戌時 丑	亥時 子	地空 地劫 子時生 亥

地空與地劫同宮的特性，原則上與地空、地劫兩星在「寅、申」兩宮互相對照的特性，有其相似之處，其主要的排列結構可從下圖看出。

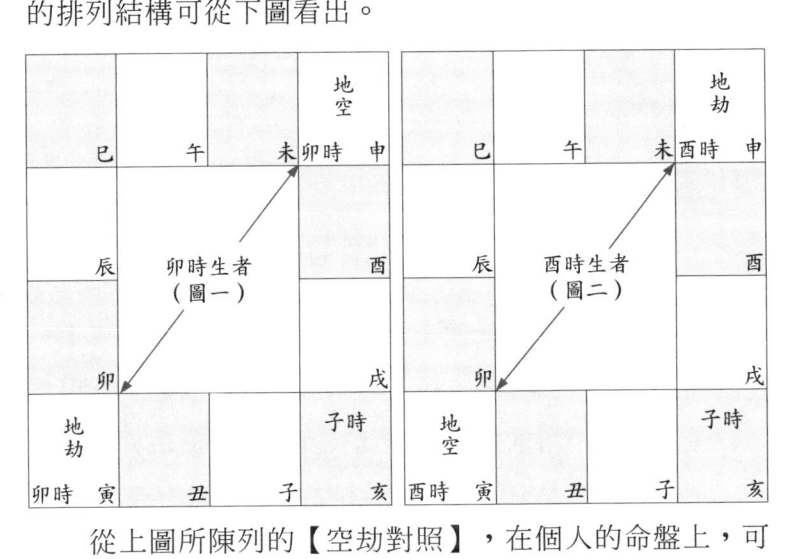

從上圖所陳列的【空劫對照】，在個人的命盤上，可顯示出兩個宮位的個別特性，其所發揮的作用與現象，已如前章所述。「地劫有破壞物質，導致脫俗的傾向；而地空則有打擊精神層面的意味，導致易於領悟的特性」，這兩種現象將會在命盤上的兩個宮位中呈現出來。然而「空劫同宮」所呈現的現象，雖僅限於一個宮位的現象呈現，但這兩顆煞星易於將它的氣勢帶出來而沖照到對宮，造成對宮在某些程度上的影響，「空劫同宮」有其另一層特殊的代表意義，那就是：

地劫、地空有互為平衡的特性。（註）

※註：

◎「平衡」：指地劫、地空兩者，處在互為牽制、互為制約的狀態。

■地空、地劫同坐命宮（子午時生者─命身同宮）

◎在巳、亥兩個宮位，為空劫同宮的格局，這意味著：

一、在人生際遇中，無論在物質（錢財）上或在心靈上，易受到環境的考驗，往往有事與願違的缺憾，在現實生活與精神層面之間，彼此有互為矛盾的現象。雖然地劫的特性易令人在物質生活的條件下有所衝擊。相對的，也會激起內在心靈的受創，往往有認知失衡的狀態。因此，若要取得兩者的協調，就得發揮個人的智慧與意志力來因應，並從中尋出對治之道，如此的話便能化解命坐空劫同宮的困境。

二、空劫同坐命宮，也代表著：個人的身體狀況須注重平日的養生與保健，地劫的特性容易在身體上的「脊椎、骨骼、牙齒……等」呈現出來，地劫也有自刑之刑（易感召刑傷之患）的意味，因此，對於身體的維

護，宜善加守護才是。雖然地空也有化解地劫災厄的能力，但畢竟頗為艱辛，如同一場永無止境的拉距戰，徒增困擾。

三、地空是顆極具領悟特質的星座，不過，在其人生旅途，得在生命經驗中不斷的受到考驗，並從現實生活的歷練中找到物質與精神兩者的平衡之道。也因此，我們可以說：「凡地空坐命宮者，基本上他是一個極具潛力去開發內在心靈能量的人，也可以說，他可能突破個人的思維領域，進而成為超越生命的思想家，或傾向於享受內在世界的人。」所以，對於命坐空劫同宮的人來說，凡事不可自暴自棄，唯有經歷人世間的挫折與煩惱，便有突破障礙的可能性，這也是面對自我改善的空間。

※註：命身同宮：主觀意識易於顯露。

一、凡子時或午時出生者，在排盤的邏輯上，命宮與身宮同坐一個宮位，命宮關係者個人的一生行運，身宮意味著：在人生行運上，會將大部分的時間與能量投入其中，至於坐落宮位行運的順遂與否，須得檢視其中星性的排列組合而論。不過，身宮的另一層意義，似

乎也有爲其辛苦爲其忙的意味。

二、身宮的坐落宮位，僅有下列幾種可能：

◎命身同宮。

◎夫妻宮（身宮）。

◎財帛宮（身宮）。

◎遷移宮（身宮）

◎官祿宮（身宮）

◎福德宮（身宮）

■地空、地劫同坐「父母、兄弟、夫妻、子女、僕役」五個宮位（概括五親宮）

若有這種格局呈現在個人的命盤上時，基本上它可能代表著下列的意涵：

一、與五親（父母、兄弟、夫妻、子女、僕役）之間的緣分較薄，或者在彼此的相處上，往往有疏離感，或有先親後疏的傾向。

二、或與五親的互動，在財物上、金錢上，不易得到對方的援助，凡事得靠個人的努力去開創發展，走出自己

的一片天空。

三、與五親之間的往來，缺乏心靈互動的默契，甚至也可能從中帶來困擾或煩惱（心靈易受創傷），這是因為地空的特性所顯現的結果。

四、在人生際遇中，往往缺乏五親中的善緣或助緣，比如：兄弟宮與對宮的僕役宮會影響到個人在人際互動上的運勢。父母宮也代表著個人的長輩緣，老闆、上司、主管，或比我們年長的貴人均屬之。夫妻宮的對宮為事業宮，可見配偶對我們事業上的助緣或多或少會有影響的。子女宮也可視為我們的下屬或者是合作的對象，對個人的運勢也會有連帶的影響關係。

■地空、地劫同坐「財帛宮」

意謂著：「個人在事業上（或其他途徑）所獲取的錢財，顯然有勞碌身心之象，由於本身對於理財的觀念薄弱，因此，得財難守，入不敷出，難以支應日常所需，導致有為錢財所苦的煩惱。但在有地空與其同坐時，個人因為財務的關係，將會帶來精神（心靈）方面的困擾與煩惱，造成身心失衡的狀態，幸好地空除了打擊個人的意志

之外，尚帶有從中領域的激發力，能從物質的束縛中透析其現象本質的意涵，並從中調整個人的認知態度與價值觀，使身心傾向調和，進一步學習到面對的智慧……

■地空、地劫同坐「疾厄宮」

這種格局一旦成立的話，可能意味著：個人的身體健康狀況常有難以調適的困擾，因地劫在疾厄宮所產生的效應可能包括：脊椎、骨骼、牙齒、帶疾在身……等等的疾患。而地空卻能發揮其特性，減輕身體不適的煩惱，並具有平衡地劫為害的功能，所以，地空若坐落在疾厄宮時，從命盤的基本邏輯來看，這應是一種很好的組合（地空可發揮其效力，讓人在此生中少病少煩惱，僅就單星入疾厄宮才依此論）。因此，凡空劫坐疾厄宮者，在人生行運中，顯然有勞碌身心且難得清閒的福氣，若能將調濟身心平衡的理念，將它付諸於實踐，並運用到日常生活中，地劫星也就不會有太大的危害了。

■地空、地劫同坐「遷移宮」

這代表著：個人在出外的行運上在人際互動之間，往往不易建立善緣或得到有利的助緣，似有難展其才之憾。人際間缺乏互動的流暢感，導致有善緣難具，或難逢貴人

賞識、提攜的機緣。或者在關鍵時刻易錯失有利時機，使出外行運似有蹉跎的意味。然而，當地空也坐在此宮位時，雖有極佳的創意與思維能力，但易形成想得多，付諸實行的成分卻有限。或其想法與現實之間有差距，也因此容易造成面對生活的無奈及無力感……也唯有在不斷的衝擊與挫折中，地空星便會發揮出激發內在領悟的特質，使個人從逆境中尋找因應之道，以及突破困境的毅力。所以，凡有這種格局的人，凡事不可氣餒或消極，人生往往在挫折與逆境中，能學習到堅忍以及面對的智慧，這對生命經驗的歷練何嘗不是一種成長與進化呢？

■地空、地劫同坐「官祿宮」

這意味著：在個人事業、工作上常遇挫折的考驗，導致不順心，心生消極。或在事業上，善緣不易聚集，縱使勞碌身心，也有付出不成比例的現象（在事業上賺錢頗為辛苦）。甚至，有中斷事業的可能，不知所措，徬徨無助。或在工作上有難展其才之憾，悶悶不樂……。地空星在官祿宮，其主要的特色便是創思佳，思考力敏銳，常有突發其想的創造力與領悟力，但也易流於空談，想得多，做得卻有限。

地空星在此宮位，最先發動的現象便是一種消極，或者缺乏積極的意志與行動力，也因此我們才說：空劫同坐官祿宮時，其人的事業或工作，偶爾會有中斷的可能。

不過，地空星在面對困境的同時，它也有突破個人思維領域的能力，從逆境的考驗中尋找因應及解決之道，因此，不可全然將地空星視爲是一顆毫無助益的星座。每一個星座的特性都有它一體兩面存在的道理，這就好像是「陰陽並存」的道理一般，人生的路途，有順有逆，有得有失，有好有壞，有進有退……，若能知其互爲消長的原理，便能在失衡的狀態中找到因應之道。

■地空、地劫同坐「田宅宮」

意味著：個人的居家狀態缺乏穩定度，易爲外在環境影響，與家人有聚少離多的現象。或在住家中，與家人的理念、默契難達共識，個人的心思及想法不易爲家人所理解。或與家人在互動上，缺乏婉轉的態度，不易建立和諧的磁場。或在擁有房地產的能力上有所不足，即使勉強取得，也將負擔得很辛苦，造成長期的壓力。地空星在此宮位，易助長個人在居家的心靈空虛，與家人的理念有越離越遠的傾向，心事不易爲家人所了解。然而，地空星也會

發揮其領悟的特質，能從空虛的心靈狀態中領悟到獨處的樂趣，也能從中改變思維，找出因應之道，使家運振興起來。所以，凡空劫坐此宮位者，其人生中的重要功課，便是如何改善家中成員互動的品質，以及如何促進與家人的向心力，維繫家庭的和諧，使家運興隆⋯⋯

■地空、地劫同坐「福德宮」

意味著：個人的心緒不穩定，易為日常瑣事煩憂（預事而憂），終年勞碌，難以讓身心放鬆，清閒下來。或常有為錢所困的煩惱，導致心情不易開朗，有鬱鬱寡歡的傾向（因福德宮的對宮為財帛宮的關係）。或個人的心思紊亂，常有剪不斷、理還亂的煩擾，缺乏靜定的功夫。或常為生活奔波勞碌，付出與所得不成比例。地空星在此宮位，便會造成一種精神空虛，以及心靈受創的現象，不過，地空卻也能發揮其思維領悟的特質，從現實生活中領悟到現象的本質，進而調適個人心情及思維，從失衡狀態找到因應之道（有突破思維界限，成為思想家的可能）。所以說，空劫同坐福德宮，也代表著個人在錢財的福報方面有所不足，在物質空乏與精神受創下，從中學習到因應的智慧，那就是：凡事盡力而為，無怨無悔⋯⋯

■本書後記

一、在「紫微斗數」宮位的星性組合裡，「雙星同宮」的比例是很高的，日後若有機緣的話，或許會寫一本有關「雙星同宮」的書，敬請期待。

二、本書的重點，主要是針對「六煞星」在十二宮位的特性分析，至於在基礎理論的「紫府系列——十四顆甲級星」，可參考作者拙著的「學紫微斗數——這本最好用」（知青頻道出版社出版），書中對甲級星分別在十二個宮位的特性分析，有詳細的分析及論述。

三、坊間有許多關於「紫微斗數」基本排盤的書籍，讀者可從中學習如何排盤，並排出屬於自己的命盤。若想要快速的排出一張命盤，可上網查詢相關網站，即可取得您想要的命盤。

附錄

六星邏輯推演表

諸星旺陷與四化對照表

※擎羊、陀羅跟隨「祿存」的走向：【圖一～圖八】

（圖三）

巳	午	未	申
擎羊 +4　辰	陀羅不入： 子午卯酉地		酉
祿存　卯			戌
陀羅 -2　寅	丑	子	亥

（圖一）

巳	午	未	申
辰	祿存不入： 辰戌丑未地		酉
卯			戌
地空　寅	擎羊 +4　丑	祿存　子	陀羅 -2　亥

（圖四）

祿存　巳	擎羊 -2　午	未	申
陀羅 +4　辰			酉
卯			戌
寅	丑	子	亥

（圖二）

巳	午	未	申
辰	擎羊不入： 寅申巳亥地		酉
擎羊 -2　卯			戌
祿存　寅	陀羅 +4　丑	祿存　子	陀羅 -2　亥

（圖七）

巳	午	未 陀羅 -2	申
辰			酉 祿存
卯			戌 擎羊 +4
寅	丑	子	亥

（圖五）

巳 陀羅 -2	午 祿存	未 擎羊 +4	申
辰			酉
卯			戌
寅	丑	子	亥

（圖八）

巳	午	未	申
辰			酉
卯			戌 陀羅 +4
寅	丑 擎羊 -2	子	亥 祿存

（圖六）

巳	午	未 陀羅 +4	申 祿存
辰 擎羊 -2			酉 擎羊 -2
卯			戌
寅 祿存	丑 陀羅 +4	子 祿存	亥 陀羅 -2

※地空、地劫的走向：【圖一一圖十二】

（圖三）寅時生者

午時	巳時	辰時	卯時
未時	寅時生者		地空 寅時
申時			丑時
酉時	地劫 戌時	亥時	子時

（圖一）子時生者

依個人出生的時辰排盤　子時生者　空劫同宮

午時	巳時	辰時	卯時
未時			寅時
申時			丑時
酉時	戌時	亥時	地劫地空 子時

（圖四）卯時生者

午時	巳時	辰時	地空 卯時
未時	卯時生者		寅時
申時			丑時
地劫 酉時	戌時	亥時	子時

（圖二）丑時生者

午時	巳時	辰時	卯時
未時	丑時生者		寅時
申時			地空 丑時
酉時	戌時	地劫 亥時	子時

（圖七）

地空地劫 午時　　巳時　　辰時　　卯時

未時　　**午時生者**　　寅時
空劫同宮

申時　　　　　　　丑時

酉時　　戌時　　亥時　　子時

（圖五）

午時　　巳時　　地空 辰時　　卯時

未時　　**辰時生者**　　寅時

地劫 申時　　　　　　丑時

酉時　　戌時　　亥時　　子時

（圖八）

午時　　地劫 巳時　　辰時　　卯時

地空 未時　　**未時生者**　　寅時

申時　　　　　　　丑時

酉時　　戌時　　亥時　　子時

（圖六）

午時　　地空 巳時　　辰時　　卯時

地劫 未時　　**巳時生者**　　寅時

申時　　　　　　　丑時

酉時　　戌時　　亥時　　子時

271

午時　巳時　辰時　卯時

地劫

戌時生者

寅時

未時

申時

丑時

地空

酉時　戌時　亥時　子時

（圖十一）

地劫

午時　巳時　辰時　卯時

申時生者

未時

寅時

地空

申時

丑時

酉時　戌時　亥時　子時

（圖九）

午時　巳時　辰時　卯時

亥時生者

未時

寅時

地劫

申時

丑時

地空

酉時　戌時　亥時　子時

（圖十二）

地劫

午時　巳時　辰時　卯時

酉時生者

未時

寅時

申時

丑時

地空

酉時　戌時　亥時　子時

（圖十）

◎火星、鈴星走向對照表（按本生時對照安入）

亥卯未		巳酉丑		申子辰		寅午戌		本生年地支　諸星
鈴星	火星	鈴星	火星	鈴星	火星	鈴星	火星	本生時
戌	酉	戌	卯	戌	寅	卯	丑	子
亥	戌	亥	辰	亥	卯	辰	寅	丑
子	亥	子	巳	子	辰	巳	卯	寅
丑	子	丑	午	丑	巳	午	辰	卯
寅	丑	寅	未	寅	午	未	巳	辰
卯	寅	卯	申	卯	未	申	午	巳
辰	卯	辰	酉	辰	申	酉	未	午
巳	辰	巳	戌	巳	酉	戌	申	未
午	巳	午	亥	午	戌	亥	酉	申
未	午	未	子	未	亥	子	戌	酉戌
申	未	申	丑	申	子	丑	亥	
酉	卯	酉	寅	酉	丑	寅	子	亥

273

◎諸星在十二宮廟旺利陷對照表

強度＼宮位	子	丑	寅	卯	辰	巳	午	未	申	酉	戌	亥
廟 +4	祿機府陰鈴相梁	紫武府陰貪曲相殺昌羊陀	廉府巨殺祿火	陽巨梁祿	武羊府陀貪梁殺	同昌曲祿	破火紫機相梁	貪殺紫武陀府羊	廉巨相殺祿	巨昌曲祿	武府貪羊陀火鈴梁殺	同陰祿
旺 +3	武同貪殺巨	梁破	紫陽陰府	紫曲機府	陰武府貪巨殺	紫陽府相火鈴	陽破	昌機武破曲陽	紫同	陰紫機府	陰破	紫巨曲
得地 +2	昌曲	火鈴武破	梁火鈴	府	機廉	府相火鈴		昌曲陽破	府陰	梁火鈴武貪	紫相	府相
利 +1		廉	武昌鈴貪	火同廉	機廉	機廉	機廉	廉昌火鈴	陰	武貪	機廉	昌火鈴
平和 0	紫	紫廉	貪曲同	陽同廉	同	廉	機破武殺		貪	陽同廉	同	機破武殺
不得地 -1		陽同巨				陰		同陰巨			陽	
陷 -2	陽羊火鈴	機	巨陀	陰巨相破羊		廉陰陀梁貪	同昌曲羊	機	梁陀火鈴	相破羊	巨昌曲	陽廉梁陀貪

◎生年四化表（可依生年干、大限或流年對照安入）

年干 / 四化	甲年	乙年	丙年	丁年	戊年	己年	庚年	辛年	壬年	癸年
化祿	廉貞	天機	天同	太陰	貪狼	武曲	太陽	巨門	天梁	破軍
化權	破軍	天梁	天機	天同	太陰	貪狼	武曲	太陽	紫微	巨門
化科	武曲	紫微	文昌	天機	右弼	天梁	太陰	文曲	左輔	太陰
化忌	太陽	太陰	廉貞	巨門	天機	文曲	天同	文昌	武曲	貪狼

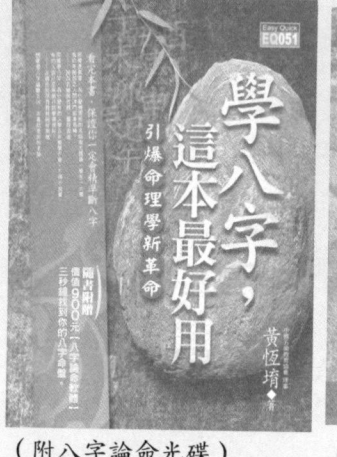

中華星相易理堪輿師協進會全國總會理事長

張清淵 著作

| 學擇日，這本最好用 | 第一次學紫微斗數就學會 |

（附光碟）

以分為單位突破傳統，融合東西哲學與科學的運用。

定價：320 元

（附命盤光碟）

擁有本書，讓您30秒排出命盤，三分鐘解析運勢吉凶。

定價：320 元

張清淵
中華民國全國總工會　理事
中華五術社團聯盟總會　總會長
中華星相易理堪輿師協進會全國總會　理事長
中華道教清微道宗總會全國總會　理事長
中華民國關懷工傷者協會　常務理事
中華民國職業工會全國聯合總會　常務理事
台灣省星相卜卦堪輿職業工會聯合會　創會理事長
台北縣星相卜卦堪輿業職業工會　創會理事長
淡江、萬能、元智、華梵、第四屆全國大專院校等各
大學易學社　專任指導教授
台視、華視、中視、民視、三立、超視、衛視、蓬萊
仙山等有線電視節目　專訪主講老師
河南周易專修學院　名譽院長兼教授
重慶躍華塑膠集團　顧問
玉玄門星相地理五術研究傳授服務中心　負責人
玉宸齋有限公司　董事長

著作
神妙玄微紫微斗數
星座生肖血型全方位論命術
第一次學紫微斗數就學會
奇門三元七政天星綜合擇日電腦軟體
綜合姓名學軟體
發財開運寶典（每年出版一本）
太上大道德經參悟（善書歡迎助印）
中華象數預測集錦（上、下冊）
中國文史哲通鑑
學擇日，這本最好用
紫微八字姓名經奇門星座綜合軟體
居家風水不求水、品頭論相 DVD 專輯
玉玄門綜合羅盤
學陽宅風水，這本最好用

國家圖書館出版品預行編目資料

天下第一神術-紫微斗數／許永安著.
－－初版－－ 台北市：知青頻道 出版；
紅螞蟻圖書發行，2006〔民95〕
面　　公分，－－(Easy Quick : 70)
ISBN 978-957-0491-81-4 (平裝)

1.命書
293.1　　　　　　　　　　95013624

Easy Quick 70
天下第一神術-紫微斗數
作　　者／許永安
發 行 人／賴秀珍
榮譽總監／張錦基
總 編 輯／何南輝
特約編輯／林芊玲
美術編輯／林美琪
出　　版／知青頻道出版有限公司
發　　行／紅螞蟻圖書有限公司
地　　址／台北市內湖區舊宗路二段121巷28號4F
網　　站／www.e-redant.com
郵撥帳號／1604621-1　紅螞蟻圖書有限公司
電　　話／(02)2795-3656 (代表號)
傳　　眞／(02)2795-4100
登 記 證／局版北市業字第796號
港澳總經銷／和平圖書有限公司
地　　址／香港柴灣嘉樂街12號百樂門大廈17F
電　　話／(852)2804-6687
法律顧問／許晏賓律師
印 刷 廠／鴻運彩色印刷有限公司
出版日期／2006年8月　第一版第一刷

定價 260 元　港幣 87 元
ISBN-13：978-957-0491-81-4　　　Printed in Taiwan
ISBN-10：957-0491-81-7